ツーリズム推進機構の設立に代表されるように、国をあげての後押しが始まっていた。イベントや合宿などを通じてハード・ソフトを充実させ、経済効果、社会的効果をあげようとしてきたのである。また旅行・宿泊業界からも「スポーツ産業」は非常に期待された分野であった。

現に「コロナ前」の旅行・宿泊業界は国内成長産業の中核としてもてはやされ、訪日外国人は増加し、スポーツを含めて多額の投資が行われ、その勢いはとどまらないと考えられた。しかし実際はコロナウィルスによって需要は消滅し、大きな打撃を受けている。

本書でこれから取り上げるスポーツホスピタリティとは非常に関係が深いスポーツツーリズムでも、旅行・宿泊業界を含めて「当たり前」ができなくなってしまった。しかし時は流れる。スポーツ業界、またはそれに付随して投資してきた企業や組織が止まることはできない。

時代を遡れば、逆境や困難の時代にこそイノベーションは生まれ、パラダイムシフトしてきた。今は、まさにその時ではないか。スポーツ界でも既にＩＴを活用した様々な観戦やサービスが開発され、オンラインでのファンイベントなどは当たり前になっている。

そのような新しい流れの中で、本書は「スポーツホスピタリティ」というサービスに注目した。

株式会社ＪＴＢ総合研究所（２０１５）は、スポーツホスピタリティを「スポーツ試合観戦と共に、良質の飲食サービスの提供やエンターテインメントを組み合わせるなど、一般観戦客と差異化したステータスの高い観戦プログラム」商品として意義づけ、広くは「ハードやソフトの整備を通じて「スポーツそのものの価値」のみならず、スポーツを通じて生み出される価値」を最大化し、期間中だけでなく準備段階や開催後も社会、文化、都市・地域、経済等に永続的な効果をもたらすもの」と定義している。

本書では第2章、第3章で具体的に触れる、食事やエンターテインメント等の付加価値と観戦チケットをパッケージ化して主にスポーツコンテンツホルダーが販売する商材を「スポーツホスピタリティ商品」と表現している。また広義な意味合いとして、社会的インパクトにウェイトをおくスポーツコンテンツをコアとした価値創造については「スポーツホスピタリティ」を使っている。

ただ「ホスピタリティ」と聞くと、社会福祉などを連想するかもしれないが、そうではない。スタジアムビジネスまたはスポーツイベント商品として、欧米のコンテンツホルダーでは非常に重要な位置づけとなっている。

今回、私たちの研究チームは、そんなスポーツホスピタリティ商品が国内でも重要な位置づけになるのでは、と考えた。いまだ新型コロナウィルスが蔓延して通常の試合開催が難しい中、付加価値の高いサービスを提供し、クラブや競技単体の収入を増加させることは急務だからだ。

だからこそ、私たちはこのサービスに注目した。理由は2つある。

1つめは新たなパートナーシップ導入の可能性である。これまでスポンサーの主たる手段であった、看板やロゴマークなどを露出する直接的な企業広告価値とは違ったスポンサーの価値が創出される可能性がある。

2つめはスポーツツーリストの全体的傾向として、通常のツーリストより消費金額が大きいと言われることだ。ワールドカップやオリンピック観戦を行う層の平均旅費は約60万円で、必然的に高価格帯のチケットと付加価値の高いサービスを受ける人は消費額がさらに上がる。そうなればプロスポーツクラブやイベントの主催者として重要な顧客層となるだろう。

ここまで聞くと、社会福祉ではないどころか富裕層、いわゆる「お金持ち」への優遇商品だと思われるかもしれない。確かにそれも一側面である。

しかし本書の定義するスポーツホスピタリティでは、そうした商品のみならず「スタジアム・アリーナを通じて、スポーツサービスを提供する組織・団体を核に、スポンサー、地元企業、ファン、地域住民などのステークホルダーを連携させ、社会・地域課題を解決する「共通価値の創造」を生み出すもの」として広く考察したい。なぜなら現在多くある社会・地域課題に対し、スポーツホスピタリティの活用はこれまでなかった新たなヒト・モノ・カネの流れを作り、課題を解決する「きっかけ作り」を創造するのではないかと考えるからだ。

実際このような困難な状況にあっても、国内のスタジアム・アリーナは新設や改修が進んでいる。そこで議論となるのが収益性である。これまで、それらはオリンピックや国体などの大規模スポーツイベントの招致あるいは開催のために、多くは国や自治体の税金で建設されてきた。しかしその後の運営や都市圏の市場との不一致により、赤字経営になっているところが多く見受けられる。特に地方都市にその傾向があり、投資する行政機関としては今後、地域の経済効果や社会的効果を高めることを求められている。

この課題は、スタジアムを使用または運営する地方都市のプロスポーツクラブ経営にも重なる部分が大きい。特に国内では、これまでユニフォームやスタジアム看板の広告価値によってスポンサー収入を得てきた。しかし近年はプロスポーツリーグやクラブの価値としての社会的効果を求められ、スポンサー企業はＣＳＲやＳＤＧｓなどの活動にも投資をしながら多様な対応を求められている。

このように山積みとなった課題を前に、本書は国内で研究が進んでいないスポーツホスピタリティにフォーカスして文献調査や国内外の事例研究を行い、これからサービスや運営、研究・調査を実践される方の基礎資料としたい。

そこで第2章・第3章では、ラグビーワールドカップ2019で日本初のスポーツホスピタリティ商品開発の実績を残した第一人者である倉田知己氏より、得た知見や経験を集約してポイントを絞り、これからの実践者に資する情報として提供していただく。

私と、国際経済が専門の藤本浩由氏は、第1章でスポーツホスピタリティとは何かという点とその現状および課題をふまえた分析について、第4章・第5章で国内でのこれからの実践について述べていく。

本書は、スポーツのハードとソフト、特にスタジアム・アリーナにおける日本独自の「おもてなし」に代表されるきめ細かなサービスを向上させ、顧客満足度を上げ、投資の意義を高めて社会・地域の宝としてホームタウンの内外を活性化させ、社会全体の幸福度を高めるような持続可能な社会を創造する可能性を探っていく。本書に関連する用語を目次の後にまとめているので、参照しつつお読みいただきたい。

また同時に、これからの先を見通せない厳しい状況にあって、スポーツ界や旅行・宿泊業界、ひいてはスポーツでのまちづくり振興や推進の一助になれば幸いである。

2022年12月

藤本倫史

目　次

はじめに
本書の用語の定義や記述、略語について

第1章　スポーツホスピタリティとは何か？……1

1　スポーツホスピタリティの重要性　1
2　スポーツビジネスを新しく変えるビジネスモデルと可能性　9
3　スポーツホスピタリティを研究する意義　15
4　日本におけるスポーツホスピタリティの現状と課題　19

インタビュー1　日米欧豪のスポーツホスピタリティ商品の違いとは　27
ＳＴＨ ＪＡＰＡＮ株式会社代表取締役社長　ブレンダン・パトリック・デラハンティ

第2章　ラグビーワールドカップにおける国内初のスポーツホスピタリティ商品の本格的な導入……33

1　観光業界からみたスポーツホスピタリティ商品　33
2　スポーツホスピタリティ商品導入のプロセスとメリット　43
3　スポーツホスピタリティ商品の構成と感動体験から得られる効果　53

4　100億円以上の売上げを生み出した組織と人材
――スポーツホスピタリティ商品の準備と運営　62
インタビュー2　日本型スポーツホスピタリティ商品のビジネス課題　74
株式会社ヒト・コミュニケーションズ・ホールディングス代表取締役社長　安井豊明

第3章　東京2020オリンピックからみた今後のスポーツホスピタリティ商品の課題と展望……79

1　RWC2019と東京2020オリンピックの比較　79
2　東京2020オリンピックからみえる日本型スポーツホスピタリティ商品の将来性　97
3　海外スポーツホスピタリティ商品との比較　103
4　実務者から提案する今後のスポーツホスピタリティ商品　116
インタビュー3　スポーツビジネスの社会的効果を数値化することの意義　125
デロイト トーマツ ファイナンシャルアドバイザリー合同会社
スポーツビジネスグループ シニアヴァイスプレジデント　里崎　慎

第4章　どのようにスポーツホスピタリティを導入するか？……132

1　コンテンツホルダーの隠れた資源の見直し　132

2 スポーツホスピタリティ商品用スペース確保および法規制 139
3 コアファンとファンクラブの重要性 148
4 スポーツホスピタリティ商品の今後 161
インタビュー4 プロスポーツクラブからみるスポーツホスピタリティ商品の可能性 164
静岡ブルーレヴズ株式会社 代表取締役社長 山谷拓志

第5章 スポーツホスピタリティの将来性 …… 170

1 社会・地域課題を解決するスポーツホスピタリティの社会的効果 170
2 地方都市と都市圏のホスピタリティパッケージ 178
3 スポーツホスピタリティ×ユニバーサルツーリズムから創られる新たな社会的効果 184
4 ゴールはスポーツホスピタリティを通じたウェルビーイングの向上 192

おわりに 195
引用・参考文献

本書の用語の定義や記述、略語について

本書籍での記述	本書籍内での使用略号	その他の表現例	定義
VIP ルーム	N/A	プライベートボックス コーポレートボックス 個室 スイートルーム	室内にイス・テーブルが備えつけられ対面での食事、会話が可能。通常フィールド側に観戦席が設けられる 
ファンクションルーム	N/A	宴会場 ラウンジスペース 会食会場 共用ホスピタリティエリア	多人数の収容できる空間で立食もしくは着席での食事が可能なスペース。通常観戦席には移動が必要 
プレミアムシート	N/A	N/A	RWC 2019 時に A カテゴリー席チケット＋観戦グッズやお弁当、お土産をパックにした観戦商品
スポーツホスピタリティ商品 ＊TYO 2020 に関する記述は固有名詞の「ホスピタリティパッケージ」とした。	N/A	スポーツホスピタリティ ホスピタリティパッケージ ホスピタリティチケット ホスピタリティプラン ホスピタリティ商品	有料で販売される観戦チケットに飲食やエンターテインメント等を組み合わせた商材。通常一旦観戦者とは異なるアクセス導線や特別ギフト等が含まれ、特に法人向けのビジネスネットワーク構築等に利用される
ラグビーワールドカップ2015イングランド大会	RWC 2015	2015年ラグビーワールドカップ ラグビーワールドカップイングランド大会	公式表現に則った
ラグビーワールドカップ2019日本大会	RWC 2019	2019年ラグビーワールドカップ ラグビーワールドカップ日本大会	
第32回オリンピック競技大会（2020／東京） 東京2020オリンピック	TYO 2020	東京2020 東京オリンピック2020	東京2020パラリンピック競技大会ではスポーツホスピタリティ商品展開が行われなかったため、オリンピック競技大会に限定した表現とした

第1章

スポーツホスピタリティとは何か？

1 スポーツホスピタリティの重要性

Q なぜ、今、スポーツホスピタリティが重要なのか？

■スタジアム・アリーナ建設ラッシュから生まれたスポーツホスピタリティ

本書の「はじめに」でスポーツホスピタリティの特徴等を述べたが、「なぜ今スポーツホスピタリティが重要なのか？」という、読者の方にとっておそらく一番の疑問に答えていきたい。

一言でいうと、それは「『みる』スポーツの価値が向上したこと」といえる。１９８４年のロサンゼルス・オリンピックを契機に、マーケティングなど様々な経営手法やアイディアを取り入れることで、スポーツ産業と呼ばれる市場が創造された。特にスポーツを「みる」価値が高まり、試合という商品を軸に放映権ビジネス、スポンサーシップ、入場料収入、ライセンスビジネス、グッズビジネス等が拡大した。

欧米のプロスポーツリーグは1990年代半ば頃から、視聴するメディアの多様化とグローバル化により、「みる」スポーツの価値がますます高まり、放映権料が高騰していった。その中でプロスポーツリーグやクラブが力を入れたものの1つが、スタジアム・アリーナの新設や改修である。

背景には、各スポーツリーグの競争力が高まったことと、エンターテインメントが多様化したことで、観戦環境を整えないと商品として売り出せなくなったことがある。観戦者もしくは消費者が試合の勝敗だけでなく、サービスを受ける場として求めるようになった清潔感や快適性、エンターテインメント性といった観点から、座席、インターネット環境、トイレ、ユニバーサルデザイン等を整える意識が必要となった。

そうしたハードの充実に加えて求められるようになったのが、飲食やスタッフ対応、球場内イベント等のソフトコンテンツの充実である。

スタジアム・アリーナでのスポーツ観戦は、メディアの発達前は主要な娯楽の1つであった。しかしテレビ・パソコン・スマートフォン等が普及したことで、現地観戦が特別な体験ではなくなった。そこでスタジアム・アリーナは、来場して「生でみる」意味を創造しなければならなくなったのである。「みる」スポーツの満足度のハードルが高くなったとも言える。

この現状にスポーツ組織や団体は応えようとしており、その動きが最もわかるのがアメリカである。4大プロスポーツリーグを見ると、NFLでは1995年以降実に20以上新設、MLBは15以上新設され、歴史あるボストン・レッドソックスやシカゴ・カブスのスタジアムも伝統ある外観を残しながらの改修が行われている。

このようなスタジアム・アリーナの開設ラッシュと「みる」スポーツの変化や満足度のハードルが高くなったことを背景に、大型スポーツイベントや欧米のプロスポーツリーグから生まれたのがスポーツホスピタリティなのである。

■スポーツホスピタリティの定義と類型化

前述したように、スポーツホスピタリティの狭義の定義は「スポーツ観戦の際に企業の商談や社員の福利厚生等で利用する、高価格帯のチケットと付加価値の高いサービス」である（以下、スポーツホスピタリティ商品と記述）。

これについてはＥＹ総研他（２０１５）でも「スポーツ試合観戦と共に、良質の飲食サービスの提供やエンターテインメントを組み合わせる等、一般観戦客と差異化したステータスの高い観戦プログラム」と定義しており、前述した時代背景とスポーツの変化にもふれている（**図１-１**）。

この資料は、スポーツそのものの価値（value of sports）と、スポーツを通じて生み出される価値（value through sports）について考察している。近年までスポーツの価値としては特に「する」スポーツが重視されてきた。しかし健康やコミュニティ醸成、地域経済の活性化等、スポーツを通じて生み出される価値も重要だと考え、「スポーツの重要なステークホルダーである、する人、みる人、支える人をつなげ、発展させ、スポーツイベント開催中だけでなく、社会、文化、都市・地域、経済等を

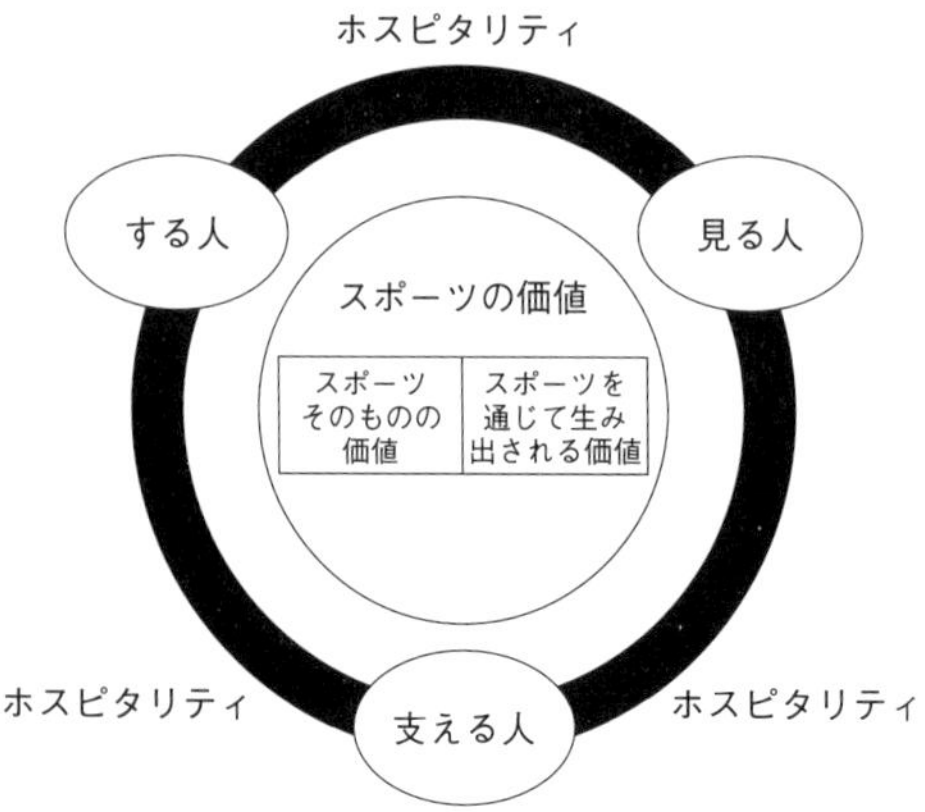

図1－1　スポーツの価値を生かすスポーツホスピタリティの輪

出典：EY 総研他（2015）より。

永続的に発展させる」のが広義のスポーツホスピタリティであるとしている。ただしこの資料が作られたのは2015年であり、提言はメガスポーツイベントに関するスポーツホスピタリティ商品へのそれであった。

国内では、まだスポーツホスピタリティ商品の定義やイメージが曖昧である。ゆえに本書では、スポーツホスピタリティ商品の類型化を行った（**図1－2**）。

①「大型スポーツイベント型」にはオリンピックやワールドカップが含まれるが、すでにスポーツホスピタリティ商品が定着しており、2章でその事例を中心に紹介する。また国際的な大企業を中心にステータスが確立され、高額な商品価格で取引されているため最もハイグレードな商品であることを想定した。

②「国内リーグ型」は、国内のホスピタリティスペースを活用したスポンサーや地元企業向けのス

	空間	食事	人的サービス	エンターテインメント/ギフト	アクセス	商談の場	社会性
①大型スポーツイベント型	個室空間もしくはファンクションルームタイプ。仮設設置可能性有	ウェディング並みの調理が可能。多彩なメニュー	一流サービススタッフ、シャープな清潔感のあるユニフォーム	試合並に思い出に残るエンターテインメントと記念品	ストレスフリーなアクセス。エレガントな空間までのアクセス	法人需要むけに必須スペース	経済性が優先されるが参加者コネクトの意味合いあり
②国内リーグ型	①に準じるが、空間不足の場合は、企画シートの有効利用の可能性有	イベントバリューに応じてフィンガーフードからバフェメニュー	サービスなし、もしくは通常レベルのスタッフ配置	サービスなし、もしくは特定機会のみ提供	①に準じるものの、一般シートとの差異を求める程度の場合あり	①に準じるもののない場合もあり	①に準じる
③企画シート（ファミリーシート、バーベキューシート等） ④外部ホスピタリティ施設利用の際の一般シート	基本的にシートそのものは一般と同じ。企画シートは目的毎に区分されており、一定以上のエクスクルーシブ感あり	特定食事目的（バーベキューシート等）を除き、基本的なサービスなし	サービスなし	特定機会をのぞきサービスなし	通常通り	なし	企画シートの場合は記憶に残る観戦価値創出、一般シートも障碍者等にとっては付加価値あり（広義のホスピタリティ）

図１－２　スポーツホスピタリティ商品の類型化

出典：筆者作成。

ポーツホスピタリティ商品である。これは欧米と比べて意識や販売、ソフト・ハード等の様々な面で差がある。ゆえに②では、欧米の先進的事例と比較しながら、国内プロ・トップスポーツリーグのスポーツホスピタリティ商品の拡大・普及をイメージし、第3章以降の事例研究と調査を行う。プロ・トップスポーツクラブのサービスやおもてなしの質を向上させ、クラブ・リーグの収益向上、そして地域全体の経済・社会的効果を上げることが今回の研究目的でもある。

　最後に、コアファンをターゲットとした③「企画シート」や、ライト層を意識した④「外部施設利用の際の一般シート」にも目を向けたい。これは本書における狭義の定義には当てはまらない商品かもしれない。しかし今後のスポーツ界全体を考えると、スタジアム・アリーナのビジネスにとって大きな意味がある。

　国内ではホスピタリティスペース（VIPルーム、

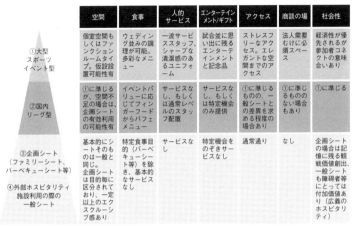

スイートルーム等）のハード・ソフトの整備が不十分であり、団体席、特殊席、一般席を工夫しながらホスピタリティサービスを展開しなければならないが、同時に一般顧客に対して認知や普及を図ることで「いつかあのサービスを受けてみたい」というブランド化もできる。

そのような一般販売チケットは、旅行・宿泊業との連携、地域資源やＩＴの活用、そして社会貢献活動等の経済・社会的効果を上げる広義のホスピタリティと捉えることができる。したがって本書では、スポーツホスピタリティ商品を①―④に類型化して分析する（なお**図１－２**からの、理想的な今後のスポーツホスピタリティ商品の展開については、様々な考察を行った後に第４章第４節でまとめる）。

■スポーツホスピタリティ事業普及の意義

スポーツ庁（２０１７）は「第２期スポーツ基本計画」で「スポーツを通じた共生社会等の実現、経済・地域の活性化、国際貢献に積極的に取り組む」という目標を掲げ、スポーツの成長産業化やスポーツツーリズムの推進を打ち出している。スポーツホスピタリティ商品の国内推進はこの方針に沿うものである。

現在、プロスポーツクラブを中心としたスタジアム・アリーナの運営では、その社会的意義や社会貢献の視点が重視されている。近年注目を集める経営戦略の概念に、ＣＳＶ（Creating Shared Value）がある。ＣＳＶは「共通価値の創造」と訳され、社会的価値を戦略的に追求すれば、経済的価値も自然に生まれるという考え方を指す。２０１１年にハーバード大学のマイケル・ポーターが提唱したもので、寄付や慈善活動ではなく、社会性の高い事業を行うことで社会問題を解決するという「社会価値」と同時に、自社の利益も生み出す「企業価値」も高めることが、企業の本来あるべき姿だと述べている。

「企業の社会的責任」と訳されるCSR（Corporate Social Responsibility）は、寄付や慈善活動、環境保全といった、軸となる事業とは別に行う活動であり、軸となる事業で社会課題解決に取り組むCSVとは異なる。あくまで企業が本来目的とする利益を獲得するために、社会的に意義のある事業を行うのがCSVなのである。

国連が提唱している「持続可能な開発目標（Sustainable Development Goals、SDGs）」や、環境（Environment）、社会（Social）、ガバナンス（Governance）の3要素に配慮した経営を行う、いわゆるESG経営は、CSVの考えに基づく企業活動との親和性が高い。

スポーツビジネスにおけるCSVの概念は、スポーツホスピタリティ商品を「新たなスポンサーシップ」と捉えることと深く関わる。

企業によるCSVの実践は、自社のブランド力を高めるメリットがあり、企業のステークホルダーからの信頼を得ることにもつながる。これは顧客に対して商品の売り上げが向上することはもちろん、投資家に対するアピールとなるだろう。

一方で、短期的な利益が見込めない可能性があること、環境、ジェンダー問題、貧困等大きな社会課題の解決を1社で行うのは難しいことはCSVのデメリットと言える。

スポーツホスピタリティ商品は、スポンサーシップとしての機能を通して、プロスポーツクラブをはじめとしたスポーツ団体とスタジアム・アリーナが企業や地域を結びつけることで、CSVのメリットを高めつつデメリットを克服する。

「企業が直接的な自社PRに投資するのではなく、『スポーツ』へ投資すれば、自社利益だけでなく社会・地域課題解決の効果を高める」。これは本書で検討する大きな仮説の1つであり、今後のスポーツの新たな価値創造への期待である。スポーツホスピタリティ商品は、そのような価値創造の有効なツールになりうる。

大型スポーツイベントにはブランド力があるが、地域のプロスポーツクラブにはソーシャルキャピタル（社会関係資本）の機能があろう。ソーシャルキャピタルとはハーバード大学のロバート・パットナムが提唱した「人々の協調行動を活発にすることによって、社会の効率性を高めることのできる、『信頼』『規範』『ネットワーク』といった社会的仕組み」である。いわゆる、まちと市民をつなぐコミュニティの形成や醸成を担う役割だ。

そのソーシャルキャピタルの役割を持つとされるプロスポーツクラブが、企業と市民や地域等のステークホルダーをつなげて有機的に活性化させる1つの有効な方法がスポーツホスピタリティ商品ではないだろうか。

ゆえに、本書の考えるスポーツホスピタリティ商品とは、「スタジアム・アリーナを通じて、スポーツサービスを提供する組織・団体を核にスポンサー、地元企業、ファン、地域住民等のステークホルダーを連携させ、社会・地域課題を解決する『共通価値の創造』を生み出すもの」なのである。

Key Point

- プロスポーツビジネスのシステム変化や観客の満足度のハードルが高くなったことが、スポーツホスピタリティ商品を誕生させた大きな要因である
- これまでスポーツホスピタリティ商品の定義は、狭義では「スポーツ観戦の際に企業の商談や社員の福利厚生等で利用する、高価格帯のチケットと付加価値の高いサービス」、広義では「スポーツの重要なステークホルダーであるする人、みる人、支える人をつなげ、発展させ、スポーツイベント開催中だけでなく、社会、文化、都市・地域、経済等を永続的に発展させるもの」であった
- 本書はこれを「スタジアム・アリーナを通じて、スポーツサービスを提供する組織・団体を核にスポンサー、地元企業、ファン、地域住民等のステークホルダーを連携させ、社会・地域課題を解決する『共通価値の創造』を生み出すもの」と定義する

2 スポーツビジネスを新しく変えるビジネスモデルと可能性

Q スポーツホスピタリティ商品とはどのようなビジネスか？

■スポーツホスピタリティ商品の市場とビジネスモデル

1節では、スポーツホスピタリティ商品の重要性とこれからの考え方について述べた。本節では、どのくらいの市場規模があり、どのような形でビジネスを行っていくのかについて述べる。

スポーツホスピタリティ商品の国内潜在市場は、コロナ前の2018年では約325億円と推計さ

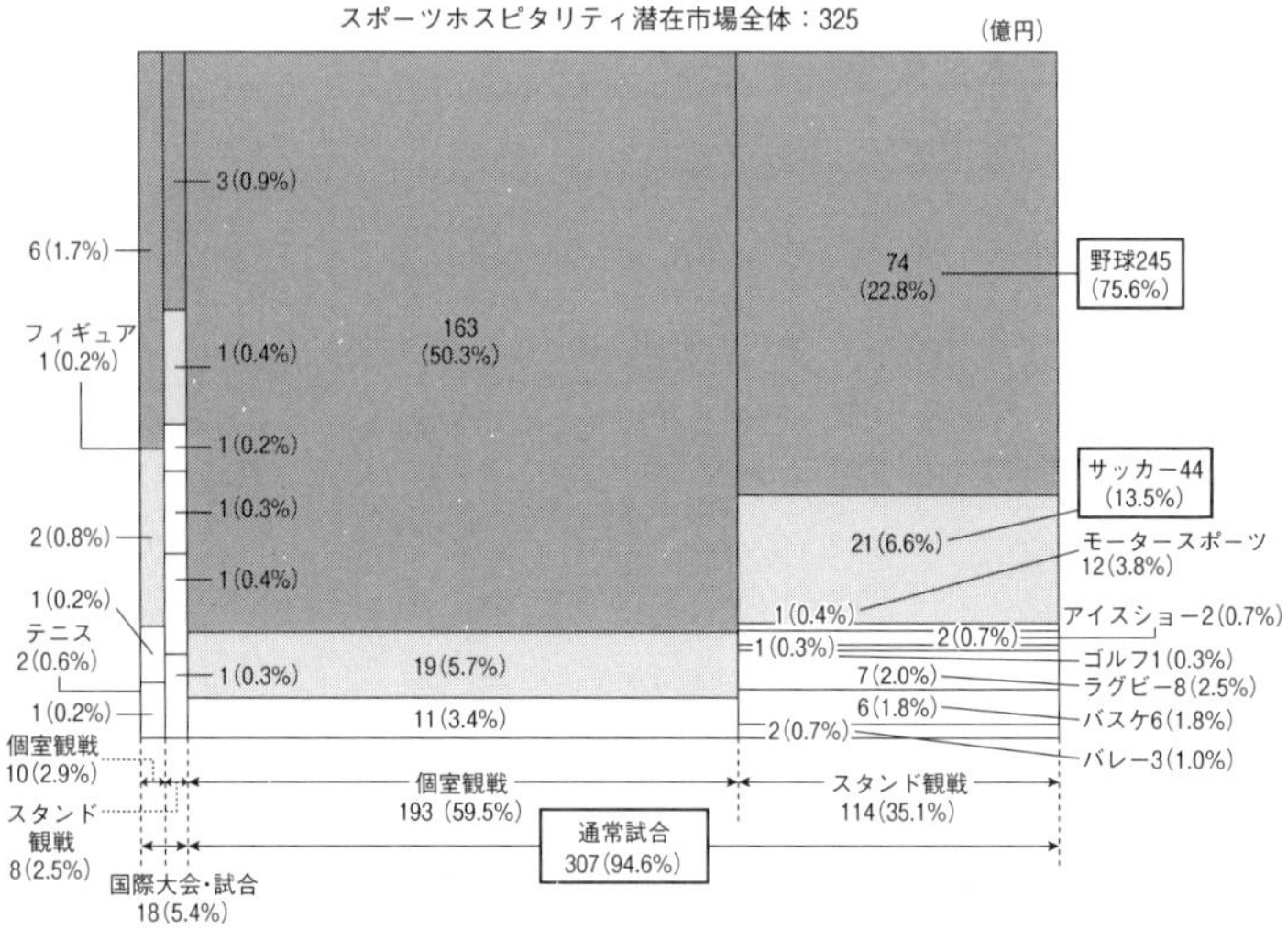

図1－3　2018年のスポーツホスピタリティ潜在市場について

出典：JTB 総合研究所より資料提供。

れ（図1－3）、スポーツホスピタリティ商品に付随する旅行業の潜在市場規模は約44億円と推計された。さらに国内で人気がある野球は245億円、サッカーは44億円と推計されている。

市場としては非常に大きく、またさらなる成長の可能性を秘めていることがわかる。スポーツホスピタリティ事業の主なターゲットとして考えられるのは、営業ツールとしてスポーツホスピタリティ商品を利用したい法人、企業のトップマネジメント、管理職、そして特別な思い出づくりや貴重な経験をしたい個人、富裕層である。

こうした顧客への提供価値として、日本・地域独自のおもてなしとプレミアム感がある。メガスポーツイベントであれば大規模なVIPルームでのトークショーや、一流シェフの料理を堪能できるサービス、地方都市のスタジアムであれば地域の旬な食材や文化体験が楽しめるサービス等が考えられる。

このサービスを行ううえで重要なのは、顧客との関係性、そしてプログラムの提供を通じて顧客の目的実現を行うことである。主催者が一方的にサービス提供するのではなく、顧客が求めていることをある意味でオーダーメイドのように把握し、具現化することが最大のポイントだ。ゆえに高額な価格設定ができる、ということを頭に入れなければならない。

販売チャネルとしては、コンテンツホルダーがスポンサーや関連企業へ向ける法人営業が主となり、次にメディアを活用した広報や、ファンクラブの高額なステータスに入会している層に対する販売となる。これらのターゲットや販売方法に関しては第2章・第3章で詳細なポイントを述べる。

その上で、プロクラブや主催者が受け取る対価（収入）は、以下の2通り、またはハイブリッド型が想定される。

①自ら運営する場合は、スポーツホスピタリティ商品の料金（チケットの3～6倍水準が平均）、オプションによるサービス料金等がある。この場合、企画から販売、精算、顧客対応等の業務を内製化する必要がある。

②スポーツホスピタリティ商品を取扱う専門企業に依頼する場合は、基本的にホスピタリティ商品の造成・販売を委託し、その権利金を収入とする。リスクが少なく手離れは良いが、販売額の決定や各種サービスを全面的に専門業者に依頼することになる。

逆に、上記①でプロクラブや主催者が負うコストは、人件費（営業・オペレーション等）、施設・設備使用料、イベント出演料、外注費、販売促進費等が考えられる。運営ポイントとして、ホスピタリティのノウハウを有する人材、専門的な商品開発の必要があり、通常のサービスと差別化しなければならない。

②のケースではこうしたリソースは必ずしも必要ではないが、委託業務の内容に関しては、法人営業、ホスピタリティに相応しい良質なチケットの活用・食事の提供、その他必要なスペースの確保、パッケージング（商品開発）等が考えられる。

このような多岐にわたる業務があり、これまでのサービスと差別化しなければならないとなるとプロクラブや主催者に大きな負荷がかかるが、事業を確立できればクラブや主催者の有益な収入となる。ゆえに今後は欧米豪のように、クラブの子会社として専門的な組織団体を立ち上げる、もしくは専門会社と業務提携する等を視野に入れねばならず、またビジネスモデルを確立するには先進事例等を調査・研究しなければならないのが国内の現状である。

■プログラムを開催するためにはどうすべきか？

ＥＹ総研他（２０１５）を参考に、スポーツホスピタリティ商品の形態とプログラムの概要について述べつつ、開催イメージを膨らませたい。

近年、国内ではプロ野球の試合を行うスタジアムを中心に、スポーツホスピタリティ商品用のスペースとしてＶＩＰルームやコーポレートブース、スイートルーム等が設置されるようになってきた。サッカースタジアムも常設スペースを置く所が増えている。

表1－1　スポーツホスピタリティ商品の構成要素

	ホスピタリティ施設	ホスピタリティサービス		会場外への回遊
		飲食・物販等	その他	
常設	常設観客席 常設交流スペース（コーポレートブース、VIPルーム等）	常設レストランにおける飲食提供 常設売店（飲料、記念グッズ、地元特産品等）	常設ATM 常設Wi-Fi	開催地域内宿泊、飲食、ショッピング、協賛イベントへの回遊 日本全国への広域ツーリズム 交通インフラ
仮設	仮設観客席 仮設交流スペース（隣接ホテル活用、隣接空地の仮設ブース）	ケータリングサービス エンターテインメント（選手との交流、スポーツ解説、ショー等） 仮設売店（飲料、記念グッズ、地元特産品等）	仮設ATM・スマホ決済 仮設Wi-Fi	

出典：EY総研他（2015）より。

ただ、現状のスタジアム・アリーナに関しては、共用施設での開催ケースが多く、飲食は隣接ホテルや隣接空地（駐車場等）等を活用したアウトソーシングで運営している。常設と仮設の構成要素については**表1－1**を見ていただきたい。

後述するが、国内ではスタジアム・アリーナを建設する際、海外事例を参考にしながら常設スペースを検討する必要があり、これは大きな課題である。

もちろんスポーツホスピタリティ商品を販売しない、という選択肢もあるだろう。そのようなスタジアム・アリーナは、これまで通り社会体育施設として国民や市民の競技や健康のために活用することが考えられる。しかし国も地方も、財政は逼迫しているのが現状である。新設・改修にも多額の税金が必要であり、国内のスタジアム・アリーナ建設は自治体と連携して建設されることが多い。

ならばこれからは、中途半端なスペースを作るよりも収益化できるサービスの提供を考慮に入れた建設を考えなければならないのではないか。

ＶＩＰルーム等を造る上で大切なのは、建設後の運営と収益に関する中長期ビジョンを持つことである。なぜなら、スポーツホスピタリティ商品は一般観客と「差別化」を図るものだからだ。

差別化とは、スタジアム内の特別な設備と良質の飲食サービスやイベント等を、それに見合った価格で提供するというもので、スタジアム運営者もしくは試合主催者がハードにもソフトにも投資するものでなければならない。

それでは具体的に、サービス内容はどのようになるのか。まず専用の個室や宴会場での飲食、エンターテインメント（トークショー、選手との交流、音楽ライブ等）、ギフト、駐車場使用権等が考えられる。

実際にラグビーワールドカップやオリンピックで行われた商品プログラム内容は第2章、第3章で後述するが、国際的メガスポーツイベントでは主催者側が認めた企業による独占的な販売・運営のもとで企業向けの上質なサービスが実施されており、２０１6年フランスで開催されたＵＥＦＡ欧州選手権では、提供した20万食の監修責任者にジョエル・ロブション氏が起用されている。

その購入者の多くは大会スポンサーで、自社の顧客等を招待し、そこで商談や会談が行われ、自社の売上向上やパートナー企業との信頼関係構築等に資している。

メガスポーツイベントだけでなく、欧米豪ではスポンサーはもちろんのこと、自社の従業員の表彰や福利厚生の一環としても招待を行い、プロスポーツクラブのファンクラブ上位層が個人会員として楽しむケースもある。

ゆえに欧米豪では、単に富裕層だけが特別に招待されるサービスとしてだけでなく、多様なニーズや顧客層に対応した大会開催やクラブ運営の重要な販売ツールとして認識されている。

Key Point

- 主なターゲットは、営業ツールとしてスポーツホスピタリティ商品を利用したい法人、企業のトップマネジメント、管理職、特別な思い出づくりや貴重な経験をしたい個人、富裕層である
- サービスを行うことで重要なのは顧客との関係性。プログラム提供を通じて顧客の目的実現を行うことである
- 欧米豪といった海外を参考に、今後はクラブの子会社として専門的な組織団体を立ち上げる、もしくは専門会社と業務提携等を視野に入れるべきである

3 スポーツホスピタリティを研究する意義

Q スポーツホスピタリティをなぜ、研究するのか？

■研究対象としてのスポーツホスピタリティ

スポーツホスピタリティ商品の重要性や形態についてはご理解いただけたと思う。同時に、その普及に向けては課題も多く、欧米豪の先進事例の調査・研究等が必要であることは述べた。

本研究チームは、スポーツホスピタリティ商品を対象とする研究の意義は、スポーツホスピタリティ商品とその普及による経済・社会効果を確認・整理し、普及への課題の特定や解決、効果の最大

化に資することにあると考える。

スポーツツーリストは、通常のツーリストより消費金額が大きい傾向があると言われ、スポーツホスピタリティ商品のような高額チケットの購入者ではさらに消費額が上がる。プロスポーツクラブやイベントの主催者としては重要な顧客層となるため、その観戦者行動の様態を明らかにすることは有益である。

また、スポーツホスピタリティは前述のとおり「スポーツスポンサーシップ」の一形態と捉えることもできる。スポンサーシップの主たる手段である看板やロゴマークなどの露出を通した直接的な企業広告とは形態が異なり、日本での発展が期待される。

スポーツホスピタリティの普及は、文部科学省のスポーツ基本計画に謳われる「スポーツ産業の事業規模拡大」に貢献するものと考えられ、観戦者行動やスポンサーシップ効果はその貢献度の考察に有用であろう。

しかし、日本では国内事例がまだ少ないため、ホスピタリティ商品を主題とした日本の研究はあまり見られない。ゆえに本節と4節では藤本他（2020）の研究を基に議論を深めていきたい。

数少ない国内事例のひとつが、本書で取り上げる「ラグビーワールドカップ2019（RWC2019）」である。Aihara（2020）は、観光産業の量的拡大にともなうオーバーツーリズム削減のため、質的拡大の例としてRWC2019を事例にスポーツホスピタリティ商品を紹介し、その可能性や課題を説明した。メガスポーツイベントでは、観戦者1人当たりの消費支出を拡大するものとして期待が大きい点にも言及されている。

■商品としてのスポーツホスピタリティに関する先行研究

前述の通り、国内のスポーツホスピタリティ研究は限られており、多くは海外事例を取り上げている。

スポーツホスピタリティの発展過程に関する研究では、イングランドのプレミアリーグを事例として扱うものが多い。大山他（2003）や飯田（2005）は、プレミアリーグにおけるクラブ経営戦略の変遷や、スタジアムの資本調達方法等の経営資源に注目した事例研究で、スタジアムビジネスが本格化した理由として1989年のヒルズボロの悲劇とその後に発表されたテイラーレポートをもとにした全席指定化の影響を指摘している。そして観客収入を増加させ、メディア収入への依存から脱却する努力がVIP席や「ホスピタリティスペース」登場の背景にあるとする。

収容観客数の制限が客単価を増加させる必要性を生んだのであり、新たな観戦スタイルの提供を拡大させた経緯は、コロナ禍以降のクラブ経営やスタジアムビジネスのあり方へ示唆を与えるものであろう。

欧米ではプロスポーツにおけるホスピタリティビジネスが盛んであり、観戦者行動、特に企業による商談の場や社内の報奨等、購入目的に関する研究が多くみられる。

スポーツホスピタリティ商品に相当するアメリカのプロスポーツにおけるサービスは luxury Suite 等と呼ばれ、Lawrence et al.（2011）によると一般的に12～24席、大きいところでは50席からなるスイートルームを3年から10年の長期リースとして販売するものである。

購入者は非常に高額な食事や飲み物の代金も負担するため、顧客をもてなして商談や新規顧客獲得につなげる「投資」として支出を正当化できる大企業が主な購買層となる。Schwimmer（2017）

によるとNFL、MLB、NBA、NHLを含む北米における luxury suite リースの価値は総額で約80億ドルとなっている。さらに近年は、自身（自社）の観戦しない試合のスイート使用を1試合単位で他の観戦者に転売するセカンダリーマーケットの規模が急拡大している。

Titlebaum and Lawrence（2009、2010）はNFL、MLB、NBA、NHLにおける luxury suite の購入企業がどのような動機でそれらを購入・更新しているのかを、関係者へのアンケート調査により明らかにした。上位4つの動機は、新規顧客のもてなし、既存顧客のもてなし、現在のチームの業績、そしてコミュニティにおけるチームの「ブランドイメージ」であった。luxury suite オーナーシップは企業顧客にとって投資であり、これらの動機は更新価格の設定において重要な情報となる。

ヨーロッパの研究では Balliauw et. al（2018）が、ベルギーのサッカーにおける企業スポーツホスピタリティ（corporate sports hospitality）に関する研究を行っている。一般観客席の需要に比べ、VIP席やホスピタリティは景気低迷の影響を受けやすいのだが、リーマンショック以降の企業購入が減少傾向にある中で、この付加価値を実際に推計する試みを行っている。

推計された付加価値は、アメリカのリーグに比べて非常に小さいにもかかわらず、球団の重要な収入源になっているとの結果を得た。研究ではさらに、クラブと企業の双方にとってその金額が妥当かどうかの判断基準と判断プロセスを提示している。

欧米では、スポーツホスピタリティ商品がクラブ経営の柱のひとつと位置付けられているため、このように需要についての分析が多く行われている。企業にとって同商品の購入はスポンサーシップ活動と認識され、費用対効果が強く意識されていることも見て取れる。

Key Point
- 国内におけるスポーツホスピタリティ商品の研究は限られており、多くは海外事例を取り上げている。スポーツホスピタリティの発展過程に関する研究では、イングランドのプレミアリーグを事例として扱うものが多い
- 欧米では、スポーツホスピタリティ商品がクラブ経営の柱のひとつと位置付けられている。企業にとって同商品の購入はスポンサーシップ活動と認識され、費用対効果が強く意識されている

4 日本におけるスポーツホスピタリティの現状と課題

Q 国内のスポーツホスピタリティ普及への課題とは?

■スポーツホスピタリティの現状

ここでは日本における現状について、欧米と比較しながら概観する。

欧米では、スポーツホスピタリティビジネスを重要な経営戦略のツールと認識している。例えば、アメリカMLB各球団は、高価格帯の年間シート販売に力を入れている。MLBスタジアムでは全体の席数を減らし、専用のレストランやラウンジにアクセスできる高価格帯の年間シート「クラブシート」を強化しており、全座席数の10~20%程度を占めるまでになっている。

ホスピタリティプログラムでは、個室の観戦席と宴会場が併設されている。また空間づくりも、企業の社交が行える一定の質が必要であることから、多くのスタジアムでの個室にバー設備が備えられて

いる。運営にあたっては、プロスポーツクラブの子会社設立、もしくは専門会社との連携を行っている。

一方、国内のクラブ・主催団体では、スポーツホスピタリティ商品導入の傾向はさほど見られず、シートは低価格帯が多い。チケット単価をみても、２０１９年のプロ野球での通常チケットで1万円超の席を販売したのは4球団にとどまる。

また日本では、ビジネスの観点を重視した、もしくは取り入れたスタジアム・アリーナの新設や改修は始まったばかりである。以下に、日本の主要プロスポーツリーグである野球、サッカー、バスケットボールでの、スタジアム・アリーナにおけるスポーツホスピタリティ機能についてまとめた（本書巻末の表1～表3）。

プロ野球では、前述した福岡ソフトバンクホークスの本拠地・福岡 PayPay ドームのコーポレートボックスや、広島東洋カープの本拠地・マツダスタジアムスイートルーム20室、Ｊリーグではガンバ大阪の吹田スタジアムのＶＩＰルームや、横浜Ｆマリノスの日産スタジアムのＶＩＰラウンジ、Ｂリーグではゼビオアリーナ仙台や琉球ゴールデンキングスの沖縄アリーナ等が稼働している。

ただ、そのビジネスは主として利用契約であり、設備を活用したホスピタリティプログラムを本格的に導入しているスタジアム・アリーナは少ない。地方都市でこれを実践するクラブはさらに少ない。

新型コロナウィルス感染症が拡大した影響で、プロスポーツ興行の一般観戦者数の減少が想定されるにともない、国内の各チームやリーグはチケット売り上げを補完する手法を検討せざるをえない状況がある。デジタル観戦等のＩＴを活用した手段と並行して付加価値をつけたホスピタリティシートの導入が期待される。しかし、施設も含めて導入事例は一部のクラブに限られているのが現状である。

顧客全体の2割である優良顧客が売上の8割をあげているという「パレートの法則」がある。イタリアの経済学者ヴィルフレド・パレートが提唱したもので、全ての顧客を平等に扱うのではなく2割の優良顧客を差別化すれば、8割の売上が維持でき、高い費用対効果を追求できるというものである。パレートの法則は品質管理、在庫管理、売上管理、マーケティング等にも活用され、特にＢto Ｃを主とする百貨店等で当てはまるとされる。

これは、スポンサーやコアなファンをもつプロスポーツビジネスにも当てはまると推察される。優良顧客に上質なサービスを提供することで、クラブや主催者の売り上げや利益向上が期待できる。

無論、ライトユーザーや新規ファンの獲得といった裾野を広げる活動も重要である。地域で愛されてこそのスポーツだ。プロクラブがある、もしくは応援できるだけで幸せという地元ファンや、地域密着の方針から地元チームのスポンサーを続ける企業は多いだろう。

しかし、地域でのプロスポーツクラブやエンターテインメントが増える社会状態に加え、コロナ禍で経済先行きが見通せない中でも、その関係性は延々と続くのだろうか。筆者は懐疑的に考える。優良な顧客への配慮が欠けていると言わざるをえず、そのような顧客の満足度を高めるための付加価値を生み出さなければ、永続的な経営は成り立たなくなるのではないだろうか。

■スポーツホスピタリティ普及への課題

ここでは主にＲＷＣ２０１９の実施過程や結果をふまえ、日本におけるスポーツホスピタリティ商品普及への課題について、「付加価値の創出」「ホスピタリティスペース確保および法規制」「地方都市への普及」の3点に注目して考察する。

課題① 付加価値の創出

スポーツホスピタリティ商品は、通常の観戦チケットと異なる付加価値を提供するものである。例えば入退場の混雑を回避できるVIP導線がある、試合開始の2～3時間前から会場入りして飲食を楽しめる、著名なゲストスピーカーによる試合の見どころ解説等のエンターテインメントがある、チケットの優先購入権が与えられる、非売品のメモリアルギフトの提供や試合前のフィールドに立てるといった特別体験等が挙げられる。

筆者がインタビューをおこなったアメリカ・メジャーリーグサッカー加盟クラブLA・ギャラクシーのマーケティング本部長Brendan Hannan氏によると、営業では「どれだけ地元の美味しいレストランと契約できるかがキーポイント」であり、試合そのものとは直接関係がないサービスのクオリティが、付加価値の重大な部分を占めていると言う。コロナ禍の現状では、観戦者の密を防いで社会的距離を確保できることも、今後重要な付加価値のひとつとなるであろう。

企業顧客へは、法人営業企業との関係強化、理解促進を通して、企業接待や社員の福利厚生としての認識を普及させることが必要である。特に企業接待は、マーケティングツールとしてどのような効果がどの程度期待できるのか、といった費用対効果の理解共有が重要であろう。スポンサーシップの新たな形態として、欧米の研究等を参考に、その効果を測定する基準や手法の導入が必要となる。

その際、金額に現れない社会的効果を評価に加え、CSRやSDGs活動、さらに前述のCSVの概念との関連付けを図ることも重要となろう。東京オリンピック・パラリンピックが、持続可能なイベント運営のための国際標準規格「ＩＳＯ２０１２１」の認証を取得する等、国内のスポーツイベントでも経済・社会・環境への配慮が一層求められており、この観点からスポーツホスピタリティ商品の持つ特徴や貢献を整理する必要もある。

新たな付加価値の創出を探る中で、購入者の期待感と現実とのギャップにも注意を払わなければならない。また、外国人目線で日本の「売り」を探す等、インバウンドを意識したマーケティングも重要である。

課題② スポーツホスピタリティ商品用スペース確保および法規制

スポーツホスピタリティ商品を提供する空間は現状で不足している。国内の主要なスタジアム・アリーナ（２０１５年当時）の状況を巻末の表3に示す。また補論として、２０２１年現在の新設施設によるホスピタリティスペースを紹介する。

Aihara（２０２０）は、ホスピタリティスペース不足解消のための官民連携を促進すること、ホテルの多目的室（ファンクションルーム）の活用を検討すること等を提案し、お土産売り場等の確保や混雑回避策も含め、法や規制の緩和が必要であると主張している。

スタジアム内のホスピタリティスペース不足時には、以下のような対応が可能である。すなわち①近隣施設（体育館等）の利用、②移動が30分程度のホテル内ファンクションルームの活用、③仮設の設置、④プレミアムシートの設置、である。

表1－2　仮設設置にあたっての各種法的規制

建築基準法	仮設建設の際に、厳しい耐久性が求めれられる。日本の仮設会社またはコンサルティング会社を機能させないと対応が難しい。
食品衛生法	基本的にケータリング担当パートナーが対応する。認可行政区分ごとになっているため、地元の会社の方が対応しやすい
消防法	消火器の設置場所や避難経路の確保等。仮設設計時には建築基準法と同様の確認が必要
条例（騒音条例）	夜間利用の場合は特に防音への配慮が必要

出典：筆者作成。

③については、欧米に比べて費用が高額になる傾向があり、また法規制による制限や困難も多い。仮設設置にあたって障害となりうる法規制の影響を**表1－2**に示す。対策としては、大会主催者や開催都市を巻き込んだ規制緩和交渉や、日本の仮設設置条件等を理解しているコンサルティング企業との連携が考えられる。

スペース不足への長期的な対策には、スポーツ庁の推進するスタジアム＆アリーナ改革への反映が必要であろう。首都圏、地域に限らずスタジアムの新設や建て替え時には、アンカーテナント等との十分な議論の上で、新たな収入源としてのスポーツホスピタリティ事業が展開できる設えを検討すべきである。

課題③　地方都市の市場規模

スポーツホスピタリティ商品の全国への普及推進にあたり、地方都市ではそもそもの潜在的な市場規模の小ささが妨げになることは想像に難くない。

ＲＷＣ２０１９においても、地方都市では有力チームのカードが少なく、試合そのものの価値に都市部との乖離があった。また、スタジアム内もしくはスタジアムに隣接したスポーツホスピタリティスペース、例えば一流ホテルや高級レストラン等が地方都市では少なく、設定数も少数であった。都市部のグローバル企業や海外渡航経験者に比べて、地方都市の法人や住民にホスピタリティサービスへの認知度が相対的に低いという現状もある。

表1‐3は、大都市圏と地方都市における事業展開上の有利・不利な点を比較したものである。マーケット規模やベンダー確保については首都圏に利がある一方で、エンターテインメントの魅力や地域行政との折衝等、地方都市に比較的有利な点もあることがわかる。

ホスピタリティスペースを確保するための隣接施設については、高級レストラン等にこだわらず、地域色の演出で付加価値を高めることも考えられる。

地域ならではの食材やアルコール類（地酒等）を提供したり、地元食器や家具を活用したりすることで、法人や高所得者層に地域の魅力をPRできるショウケースの場となる可能性がある。この点で、地場の飲食関連会社とのコミュニケーション強化が必要であろう。

Key Point

- 顧客全体の2割である優良顧客が売上の8割をあげているというパレートの法則から、重要顧客層に対する付加価値を創らなければならない
- 国内のスポーツホスピタリティ商品普及の課題には、付加価値の創出、スポーツホスピタリティ商品用スペース確保および法規制、地方都市の市場規模が挙げられる

表1－3　大都市圏と地方都市におけるスポーツホスピタリティ商品

		大都市圏	地方都市
販売	購買マーケット	・大企業が本社を設置してるケースが多いため、1件当たりの購入機会・費用が大きい ・購入に至るまでのプロセスや時間が長い	・中小企業が多く1件当たりの購入金額は大都市に劣る ・購入に至るまでのプロセスや時間が短い
運営	空間設置環境	・大規模な収容人数のスタジアム施設が多く、VIP席や貴賓室も多くある ・需要に応じたスタジアム/アリーナ内のスペースは不足しがち ・都市圏で隣接する敷地利用も難しいため、複雑な調整が必要	・小規模で施設内が整備されていないスタジアムが多く、VIP席や貴賓室が存在しない。（国体施設であれば、貴賓室は存在） ・不足した場合の仮設設置スペースは大都市圏に比べて確保できる可能性が高い ・今後、新設や改築を行うスタジアムが数多く存在する
	ベンダー	・グローバルスタンダードの空間設計やF&Bの提供が可能 ・経験値も高くスムーズなオペレーションが期待できる	・スペシャリストが少ない ・専門家集団もしくは他地区から招聘する必要がある（地域と共同し、雇用を生む機会を作れる可能性がある）
	魅力あるエンターテインメント	・有力チームや人気チームの対戦カードが多いのでそれに付随したイベント等を開催できる ・エンターテインメント企業や関係者が多く、連携や協働がしやすい ・国際的な企業や関係者との接触頻度が高く、グローバルな展開ができる	・有力チームや人気チームの対戦カードが少ないが、開催前・試合前連携等により、メディア価値を高めることが可能 ・都市圏にはない地域独特の魅力を高めて発信することにより、スタジアム独自のサービスを提供することが可能 ・選手やチームとの距離が近いため、特別なエンターテインメントの依頼の可能性がある
	アクセス	・公共交通機関は発達しているので比較的に導線は作りやすい ・駐車場を含め、導線に限界があることが多く広がりがない	・公共交通機関が発達していない ・駐車場スペースは大都市圏より多くあり、パークアンドライド等の仕組みも対応しやすい
	行政・関連組織との折衝	・行政の人員・予算が多くある ・データ等の事前準備が必要 ・融通が利きづらく、時間もかかるため前広な折衝が必要	・行政の人員・予算が少ない ・キープレイヤーを事前に熟知しておく ・顔見知りメンバーで行われることが多く、情報共有はしやすい

出典：筆者作成。

インタビュー
1 日米欧豪のスポーツホスピタリティ商品の違いとは

STH JAPAN株式会社代表取締役社長 ブレンダン・パトリック・デラハンティ（Brendan Patrick Delahunty）

①STHグループ社及びSTH JAPAN社について

―欧米豪を中心とするスポーツホスピタリティを専門とする他の同業他社企業の現状を教えてください。

欧米豪では単にスポーツホスピタリティ商品単体での主催者とのアライアンスは少なくなり、ホスピタリティでも参加者データをコンテンツホルダーが求めるようになってきています。参加者特性を明確化するためにデジタル化が進んでいて、海外のスポーツホスピタリティ会社は主催者に対して、より幅の広い事業についての提案ができるようになっています。またアクレディテーションをはじめ、チケッティングやトラベルなどのバックヤード業務のアウトソース先としてホスピタリティ専門会社が位置づけられてきています。つまりホスピタリティ事業は単なる一つのビジネスモデルでなく、スポーツイベントの一連の業務の一つとして位置づけられはじめています。

また最近は豊富な資金力を持つ金融投資会社がホスピタリティ事業に乗り出してきています。次の3回のオリンピックでビジネスを始めたOn Location社が典型的な例ですが、スポーツ事業というものがすぐに投資結果がわかる特性をもっているからだと思われます。

―ＳＴＨ　ＪＡＰＡＮ社の設立経緯を教えてください。

ＳＴＨグループ（英国）社は２０１５年イングランド大会と２０１９年の日本大会の両方の大会におけるホスピタリティ運営権を獲得していました。ＳＴＨグループ社自体は60％の株をフランスの多国籍企業であるSodexo社が保有し、40％の株をMike Burtonグループが保有しています。２０１７年のＳＴＨ　ＪＡＰＡＮ社は51％の株をＳＴＨグループ、49％をＪＴＢが持っていますが、設立の当初の目的はラグビーワールドカップ日本大会におけるホスピタリティ事業の展開でした。それ以降は社を閉じる選択肢もあったのですが、２０１９年以降の日本でのホスピタリティ市場の存在が分かり、今も経営を継続しています。

―現在の日本のマーケットをどのように捉えていますか？

コロナ禍ではっきりしたことは申し上げにくいのですが、考えられるのは日本のスポーツコンテンツホルダーはこの2年間収益を上げられておらず、それをカバーするために導入することが考えられます。また顧客側も顧客の取引先を招待することにより、より強固な関係作りが可能になるという投資効果を理解できるといった機会提供につながりました。

②スポーツホスピタリティ事業について

―スポーツホスピタリティの定義についてＳＴＨ　ＪＡＰＡＮ社としてのお考えを教えてください。

平たく言えばスポーツを通じてともに人々を楽しませ、感動させ、そして結びつけるシーンを作りだすことではないかと思います。そのためには皆がエンジョイし、そして忘れられないようなサービスが必要であることが重要だと思います。

―スポーツホスピタリティの長所についてどのように捉えていますか？

まずは関係各所に財務的な利益をもたらすこと。もちろんこれが最も重要だと思いますが、イベントそのものを華やかに豪華にさせる効果もあると思います。例えばロイヤルアスコット競馬やウィンブルドンテニスが典型例です。これまで日本では企業が接待にスポーツを活用することは余りありませんでしたが、ある法人の方はラグビーワールドカップで支払った金額の3倍の投資効果があったとおっしゃってました。これはスポーツホスピタリティを通じて共有する時間があり、かつプレミアムな体験を享受したことにより人間関係が深まったことに起因すると考えられます。個人でホスピタリティを購入された方も同様で、座席もスポンサー用についで良いシートですし通常席より印象深い記憶となると思います。

―日本型のスポーツホスピタリティについてどのように考えていますか？

現段階では極めて初期段階にあると言えます。一番の問題はスタジアム等のスポーツ施設が自治体等の行政に運営をゆだねられている点だと思います。あいにく、これまでのこうした施設はコストがどれだけかかるかを想定しただけで、建設後の運営でどれだけ収益をもたらすかを考えて作られていません。スポーツ以外の、例えばコンベンションや展示会、結婚式など幅広い利用方法を念頭にいれていないため、コンクリートの塊となってしまっています。ＳＴＨグループ社の株主は英国フラムのスタジアム改修にかかわっており、ゲーム時のホスピタリティサービスだけでなくスタジアム周辺にレストランや小売店を呼び込むことにより、昼夜を問わず賑わいが生まれています。日本ハムファイターズがこのような状況から脱却して自分たちでスタジアムを作った理由もここにあるのでしょう。いずれにせよスポーツコンテンツホルダーが長期的な目線の投資に期待したいと思います。

③ＲＷＣ２０１９とその後の展開について

―ＲＷＣ２０１９のスポーツホスピタリティ商品の企画・販売についてのご苦労を含めて、フィードバックをお願いします。

最大の課題はスタジアム自体にラグビーワールドカップに相応しいホスピタリティ運営のインフラが整っていなかった点です。結果として資金もかかり困難さも増長されました。決勝の行われる横浜ではトップレベルのサービスを提供できる仮設を建てなければなりませんでしたし、本来は利用すべきでないコンコースなどを活用せざるを得ないケースもありました。一部の地域ではスタジアムに隣接した体育館を利用した場合もあります。単に観戦券のみで招待された場合でもある程度の感謝の念を生じさせますが、ホスピタリティ空間での共有体験により深い関係を生み出すことになります。上質の飲食とンターテイメントを提供できるバックヤードも必須です。

―なぜ、１００億円以上の売り上げを達成することができたのか、経営層からみたご意見を伺います。

優秀な営業スタッフの存在が大きいと思います。これまでのお客様中心に先ほどの個室タイプのものが発売早々に売り切れたと当時の組織委員会の方々に説明したところ、そんな高額ものが早々と完売とはと大変驚かれました。キーは営業先にその価値をわかっていただくことですが、実際は海外等で既に購入したことがある、招待された経験があるクライアントには余り説明は必要ありませんでした。業界によっては接待行為をおおっぴらにできないケースもあることも知っていましたが、営業スタッフに適切な研修を行い、クライアントに十分なメリットがあることを教育しました。

もうひとつホスピタリティの売上で重要なことは、販売が芳しくないパッケージについては販売中止し、新たな商品を即刻開発する、もしくは他の商品に振り替えるフレキシブルな判断だと思います。例えば大きなファンクションルームに10名程度しかいない場合は、その雰囲気だけで価値がなくなります。

―東京オリンピックではホスピタリティ事業が展開できませんでしたが、RWC2019との運営手法や課題で違いはありましたか？

最も大きな違いは、RWC2019はラグビーの世界統括組織であるワールドラグビーとの直接契約だったに比べTYO2020は日本側の組織委員会との契約でした。TYO2020組織委員会は一般国民への配慮に重点が置かれたこともあり、コロナ禍の対応の決定も非常に時間がかかったように感じました。決して関係が悪かったわけではありませんが、このようなプロセスにややストレスを感じたこともあります。

―今後の日本の課題はどのように考えていて、STH JAPAN社としての活動予定はどのようになっていくのでしょうか？

スポーツホスピタリティの価値をどれだけ認識しもらうかがポイントになると思います。おそらく相応の時間もかかると思います。現在は一部の事業者は無料チケットを配布するだけで、経費としてしか考えてない場合もあります。またスポーツ会場内施設の不十分さについては、設計から竣工までの時間を考えると中長期的な視点から事業展開する必要があるかもしれません。STH JAPAN社は旅行業の資格も取りグローバルスポーツイベントのトラベル&ホスピタリティに関わることができるようになりました。RWC2023フランス大会はもとより、F1のパドッククラブ、テニスオーストラリアオープンなどスポーツファンの中でも高付加価値を求める方々中心に国際的なマーケットを広げていきます。また並行して日本国内のコンテンツホルダーとも折衝し、より収益率が高くかつクライアントとのリレーションが深まる商材を開発していきたいと考えています。

④総論として

―スポーツホスピタリティ商品はスポーツ業界及び旅行や宿泊等のツーリズム業界にも影響を与えるすそ野が広い商材と認識しています。一方経済面だけではく、人と人を結びつけ、スポーツを通じて人の心を豊かにする社会的メリットも創出すると考えられますが、こうした経済面及び社会インパクトについてスポーツホスピタリティへのご意見をおききしたいと思います。

サステナビリティに配慮したホスピタリティ商材でないと社会的に受け入れられないということです。環境に配慮した消費材を利用したり、ゴミのリサイクル問題等コンテンツホルダーと十分に協議しながら進める必要があります。

ホスピタリティの収益を元に比較的手に入れやすいチケットの価格帯を創出できるなど、どちらかというと社会的に低い層にいる人々にもチケット供給が行き渡る仕組みにも貢献している面もあります。ＳＴＨグループ社の実績としては２０１２年ロンドンオリンピックにホスピタリティ商品を導入することにより、決して恵まれているといえない地区の子供たちに観戦できる機会を与えることができました。このようにスポーツ観戦の裾野を広げるツールとしても価値があるものだと思います。

Profile

オーストラリア国ニューサウスウェールズ州出身。20年前に来日しグローバル出版会社勤務などを経て２０１７年2月ＳＴＨ ＪＡＰＡＮ社設立とともに初代社長を務める。

※インタビュー自体は英語で行われ、筆者がその内容を日本語に訳した。

第2章 ラグビーワールドカップにおける国内初のスポーツホスピタリティ商品の本格的な導入

1 観光業界からみたスポーツホスピタリティ商品

Q 観光業界からみたスポーツホスピタリティ商品とは?

■観光業界にとってスポーツは魅力のないマーケット

戦後日本が高度成長期に移ると日本人の生活も豊かになり、旅行商品が身近なものになっていった。1964年には海外旅行が自由化され、旅行会社も取扱い額を年々拡大していった。その後もイラク戦争やバブル崩壊等のマイナス要素があったが、旅行業界はそのマーケットを広げていった。翻っていえば、おおむねそれまでの旅行会社の成長は市場の拡大に支えられていたといっても過言ではない。80年代から90年代にかけては、おりからの海外旅行ブームもあり、大手旅行会社が取扱人員・取扱

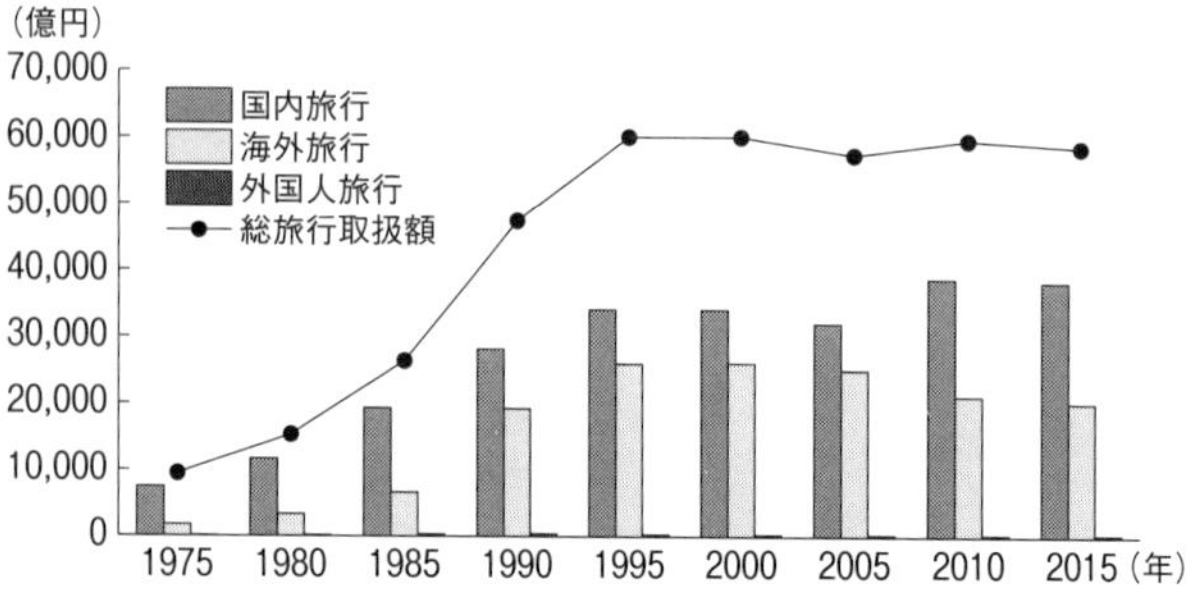

図２－１　主要旅行会社取扱額の推移

出典：今西（2012）および立教大学観光学部紀要（2020）より筆者作成。

額にしのぎを削っており、旅行商品に対する工夫はイノベーションというより効率化を重視する傾向にあった。つまり大量輸送を理想とした、いかに効率よく大量の人数を扱い、収益を増やすことができるかに主眼が置かれていた。

取扱額が１兆円を超える企業も現れたが、その収益性の低さから当時の旅行業・観光業の社会的地位もさほど高くなく、重厚長大企業時代からバブル崩壊を経てＩＴ化が進む中でも、産業としての位置づけを語られることもなかった。

この大量輸送の流れに大きな衝撃を与えたのが２０００年以降のいわゆるオンラインツアー会社の出現である。消費者がホテル・旅館や航空会社・鉄道会社等とインターネットを通じて直接取引できる形態は革命的であり、それまでの取扱いの効率化にさらにウェイトを置いていた大手旅行会社とよばれる企業は、１９９５年のウインドウズ95の発売以来、個人がパソコンを持つ環境下での革命的な視点で事業モデルを取り組むタイミングを逸し、時代の流れに後れを取ったといっても過言ではないだろう。このような流れの中、21世紀に入ると右肩上がりのグラフは期待できず（**図２－１**）、これに伴い大手旅行業界の顔ぶれは次第に変化が生じていった。

ただし、従来の旅行会社も手をこまねいていたわけではなく、自らのアセットを棚卸し、オンラインツアー会社では取扱いが難しい領域、例えばMICEと呼ばれる法人系イベントへのシフトや会社の福利厚生システムへの参入等、これまでのノウハウを生かしたフィールドに食指を伸ばし始めた。その領域の1つがスポーツ関連ビジネスだったともいえる。おりしもFIFAワールドカップ2002が日韓共催で開催され、ようやく人々の口上に「スポーツビジネス」「スポーツマネジメント」という言葉が乗り始めた時期でもあった。ラグビーワールドカップ2019日本大会（以下RWC2019）の直前大会であるラグビーワールドカップ2015イングランド大会（以下RWC2015）が開催された2015年は、日本では前々年の2013年に史上初めて1000万人を超えた訪日外国人旅行者が、2年後ながらその倍近い1975万人に迫るインバウンドツーリストを迎え入れた年となり、それまでの国内需要に支えられてきた旅行業界・観光業界がこぞって海外からの旅行客に目を向け始めた時期であった。このころ他産業の不調もあり、将来的な基幹産業としての伸びしろが、ようやく注目を浴び始めた。と同時にインバウンドツーリストが集中してしまういわゆる観光公害といわれる観光地の混雑やマナーの問題が議論され始める一方、デビッド・アトキンソン氏の「新・観光立国論」の中で提案されているようにインバウンドツーリストの数から質への転換が求められていった。

ただ、それまでインバウンド観光産業に対していわゆる回周遅れだった日本のツーリズム界の動きは相変わらず数を追い求める業界気質が抜けきれず、それまではおおむね全体の7割を中国、韓国、台湾の東アジアからの来日旅行者が占め、数を求めるあまり不認可バスの利用や登録免許のないガイド等が横行し、業界の土台となる法整備の必要性からの議論がなされていた。

これまで述べてきた通り、これまでの観光業界全体が社会環境の変化に他業界よりもやや遅れながらも追いつこうとする努力は見られたが、基本的には業界大企業中心の需要追及主導型で成長してきた産業であることは否めない。ここ数年は、高所得者層向け宿泊施設や観光列車開発等の輸送手段の展開にみられるようなイノベーション的な商材が現れてきてはいるが、旅行業界内スポーツ関連事業については、目覚ましい新たなマーケットチャレンジャーは出現してこなかった。

■観光業界はなぜ、スポーツに注目したのか？

２０１９年から始まるいわゆるゴールデンスポーツイヤーズ（２０１９年開催のラグビーワールドカップ日本大会、以降２０２０年東京オリパラ、２０２１年ワールドマスターズゲーム２０２１関西の３年間連続した大型国際スポーツイベントの開催期間の総称）を控え、スポーツ観光（スポーツツーリズム）における研究・検証も始まっていた。

スポーツ目的で海外を訪れるいわゆるスポーツトラベラーは、通常観光旅行者より現地消費額が多いとされており、その動向に対して２０１２年に設立された一般社団法人日本スポーツツーリズム推進機構（ＪＳＴＡ：Japan Sport Tourism Alliance）は、順調にその活動を活性化させ２０１５年には「スポーツツーリズム・ハンドブック」を創刊している。

ＪＳＴＡには有力旅行会社各社が会員として参画しており、これまでオリンピックやＦＩＦＡワールドカップなどの「観戦」ツアーを中心とした「みるスポーツ」コンテンツからマラソン参加ツアーなどの「するスポーツ」への拡大を図りつつあった。そしてこうした動きに大きな拍車をかけたのが2013年9月7日に決定した2020年東京オリンピック・パラリンピックの開催決定である。いよいよ2015年にはスポーツ庁が発足し、スポーツGDP3倍計画が高らかに謳われ、スポーツをコスト扱いからプロフィット産業への転換も叫ばれ、「スポーツツーリズム」という観光産業とのクロスオーバーした概念も盛んに人口に膾炙するようになっていった。

それまでの旅行業におけるスポーツ関連ビジネスとしては大きく2つ存在した。1つめは、オリンピックやFIFAワールドカップ等世界的なイベントで、観戦券の入手が比較的困難なもの、もしくは大会主催者が旅行会社向けにチケット販売権を保有しており、あらかじめ決められたマーケティング手法により観戦券が利用されるいわゆる「観戦ツアー型」である。2つめは、国内外への大会に参加するスポーツ選手や大会役員に対し輸送・宿泊を手配し場合によっては事務局の一員として同行するサービスを提供するいわゆる「選手派遣型」であった。その後、マラソンブーム等の影響をうけ、一般参加者むけのいわゆる大会参加に向けてのアクセスツアーや自治体の合宿誘致等と連携した合宿ツアーのようにスポーツツアー等、いわゆる3つめの形態である地域関連型ツアーも多様化していった（「スポーツツーリズム・ハンドブック」参照）。

しかしながら、一部を除き（オリンピック商材は夏冬で2年に一度）観戦ツアー型は必ずしも収益率が高い商材とは言い難く、加えて旅行業法上の課題である取消料の収受タイミング等多大なリスクが残る商品であることで、旅行会社がもろ手を挙げて参入するマーケットではなかった。

通常買い取り（キャンセル不可）が基本となり、しかもそれほど安くない金額のオリンピックやワールドカップの観戦券を事前購入してから募集せざるを得ず、つまり多額の投資を必要とする商材にもかかわらず、広くあまねく参加者を募る「募集型企画旅行」の場合、現在の旅行業法上、海外旅行の場合通常期では30日前からしか取消料を収受できない仕組みである。すなわち同タイプの観戦ツアー参加予定者が31日前までにツアーキャンセルになった場合、旅行会社は申込金を含め全額返金かつ事前購入した観戦券の代金は収受できない法律上の仕組みになっている。このため利用されない状況となった観戦チケットはそれ以降の需要が発生しない限り、無駄な紙切れとなる。

1998年に発生したFIFAワールドカップフランス大会は、日本が初めてワールドカップ出場を果たしたトーナメントである。同大会では大手旅行社を中心に観戦ツアーが多数企画されたが、当時はいわゆるFIFAワールドカップに関する公式観戦券入手チャネルが整っていなかったため、多くのツアー企画会社では、国際的にチケットの転売を手掛けるいわゆるチケットエージェントから観戦券を入手する手法を使った。一部の旅行会社ではこのエージェントから約束されていた観戦チケットが入手できず、トラブルになったケースが発生したことは記憶に残っている方も多いだろう。現在は大手旅行会社においては、基本的に公式な手配ルート以外での手配は行っていないが、消費者（購入者側）の了解の上、観戦チケットを現地チケットエージェントから入手するケースも発生しているものと思われる。

次に、選手派遣型であるが、もともと派遣元がNF（=National Federations）をはじめとする年間の予算ありきの組織のため、大きな収益になりにくい事業となっている。通常は複数旅行会社から見積もりを取り最安値の会社を指定するケース、もしくは協会スポンサーとして参入している旅行会社を利用するケースが多い。後者の場合は当然スポンサーシップの支払いがあるので、売り上げが必ずしも総収益に連動することにはならない。また現地での勝ち負けによる早帰り、座席クラスの変更、事前合宿地からの現地入りの場合の複雑な手配管理などが発生し、旅行会社が都度航空会社や宿泊施設等への交渉を行う手間暇に相当する労務コストは、通常の募集ツアーより負担が大きいことになる。さらにスポーツ大会参加の場合の特殊器具（例：陸上の場合のやり投げのやり、射撃の場合のピストルや弾丸等）の輸送についても配慮する必要があり、航空会社との折衝はもとより、現地空港到着後の通関諸手続き等特殊ノウハウを必要とする。

ただ観戦ツアー型、選手派遣型ともに、こうした事業展開すること自体が旅行会社の社会的なステータスとして評価されており、大手旅行会社中心に専門チームを組む等一定以上の力点を置く状況が続いていた

■スポーツツーリズムの大きな転換点となったゴールデンスポーツイヤーズ

こうした経緯を踏まえ日本でのスポーツツーリズムの萌芽時前にすでに４０００万人を超えるインバウンド観光客を迎えいれていた英国で開催されたＲＷＣ２０１５では、行政組織の機能が日本のそれとは異なる点を含め、大型スポーツイベントにおける観戦旅行者に対するサービスも多彩で、開催都市は無事に予定通りのイベントを開催させるのみだけでなく、いかに国内外からのツーリストに楽しんでもらい地元で消費を促すかを戦略化し、ポストマッチ含めて経済効果を波及させるかを中心に様々な施策が実施されていた。

観光行政や受け入れ体制は学ぶべき点が多く、オンラインツアー会社の台頭に苦しむ従来型モデルの旅行会社に勤務していた筆者は、新たなビジネスモデルの発見とその手法をいかに日本で展開するかが大きな関心事であった。

前述の通り、日本でも2012年にJSTAが観光庁（現在はスポーツ庁も関与）の肝いりで設立され、スポーツを通じた流動人口の創出による地域活性化を中心にいわゆる〝スポーツツーリズム〟産業の概念が急速に日本全国に広まっていた。旅行会社側からみると第3のスポーツトラベル形態のスタートであるが、それまでのスポーツ大会開催は主に行政のスポーツ課等が担当しており、イベント運営や施設準備を中心にその役割を果たしてきた。その目的は安全かつスムーズにスポーツイベントが開催されることがメインのゴールであり、スポーツ参加者や観戦客に対して、より地域にお金を落としてもらうために、イベント周囲に存在している宿泊手配や食事、アクセス等必要な仕組みへの配慮はほとんどされてこなかった。

こうした縦割り行政から脱却するために、観光課や民間事業者の窓口となる経済課等とも連携しながら、民間を巻き込みながら行政一体化させるチーム作り、すなわちスポーツコミッションの設置を目指し、有意義な流入人口の創出を目的とする動きが活性化してきた。その結果、スポーツ合宿の誘致やマラソンや自転車、トライアスロン等の競技大会の開催とともに参加者目線での旅行サービスが全国に広がっていった。つまり合宿を計画する大学や社会人及び愛好者のスポーツ団体・スポーツクラブに向けてのいわゆるキャンプツアーを行政側と旅行会社が一体となったパッケージサービスを提供したり、競技大会においては、国内外からの参加登録者に対しての鉄道や航空券に宿泊を組み合わ

表２－１　RWC 2019 時のスポーツホスピタリティ商品購入者動向

	N	購入者	N	非購入者	比率(倍)
チケット代合計	352	453,200	4,138	125,059***	3.62
交通費合計	349	75,625	4,068	31,558***	2.40
宿泊合計	213	101,568	1,601	36,208***	2.81
グッズ合計	332	61,654	3,753	30,087***	2.05
観戦にともなう観光合計	229	40,380	2,507	25,218**	1.60

** $p<.01$、*** $p<.001$
出典：西尾・倉田（2022）。

せた利便性の高いツアーをウェブサイト等で案内する動きが広まっていった。また地域の持つスポーツコンテンツの魅力発信（北海道ニセコのスキーや群馬県水上町のラフティング等が成功例）のために行政もしくは第三セクターがいわゆるＤＭＯ（Destination Management Organization）を設立する場合の、アドバイザー的役割も旅行会社のノウハウが活かされてきた。

このような地域と旅行会社が連携した取り組みは、まさに海外での大型スポーツイベントで注目される流れであり、ＲＷＣ２０１５時に見聞きした英国での対応と一致していくものであった。筆者は実際にブライトン市観光協会や日本代表チームが事前合宿を行ったウォーリック市の観光担当と会いＲＷＣ２０１５終了後の日本人観光客向けのプロモーション等具体的なディスカッションを行った。こうした内容を日本のＲＷＣ２０１９開催都市に対しても事前のセミナーや担当部局へのレポートを含めて対応策を提示してきた。

大型スポーツイベントがツーリズムに対してインパクトを最大化させる行政や業界の動きを理解していただく一方、高価格観戦スタイルの一面を持つスポーツホスピタリティ商品購入者に関する興味深い著者の研究の一部を紹介する。**表２－１**は日本ラグビー協会のメンバーズクラブ会員に対して調査を行った数値となっており、RWC2019時の同商品日本人購入者と非購入者の対比表である。それぞれがツーリズムコンテンツである宿泊や交通、グッズ（お土産等）にどの程度費用を支払ったかのアンケート結果であるが、同表のとおりスポーツホスピタリティ商品購入者はそれぞれほぼ2倍以上のスペンディングが記録されている。ここから類推するにスポーツホスピタリティ商品そのものの存在がスポーツツーリストの量から質の転換をうながし地域経済、観光経済に大きく貢献している可能性を示すものである。

このようにスポーツホスピタリティ商品は高付加価値であるがゆえ、観光業界からみると、以下のものがメリットとして想定されている。

1. その収益構造が観光政策に則ったものであること
2. スポーツそのものの収益化・ビジネス化にマッチした点
3. 地域や周辺産業にも影響を与えるポジティブなプロダクトであること

では次節以降で詳細をみていこう。

2　スポーツホスピタリティ商品導入のプロセスとメリット

Q　なぜ、スポーツホスピタリティ商品を導入したのか？

■スポーツホスピタリティ商品が注目された経緯

これまでみてきた通り従来の①観戦ツアー型、②選手派遣型に加えて、2012年頃より新たな③地域連携型のツアー形態が発生したのだが、その後も頭打ちの売り上げを伸ばすために発展性のある商材への取り組みの可能性を旅行会社が模索し始めていた。

その中で、筆者が勤務していたA社はRWC2015の日本における公式旅行会社（Official Travel Agency）であり、ラグビーの国際組織であるWR（World Rugby、2015年当時はIRB＝International Rugby Board）から公式旅行会社指名権を譲渡されたSports Travel and Hospitality Group（以下STHグループ、2015年当時はRugby Travel and Hospitality＝RTH）社とコミュニケーションを図る中で浮き彫りにされたのが、スポーツホスピタリティ商品であった。

まずはRWC2019の全体の運営体制を見ていきたい（図2－2）。

英国のSTHグループ社はRWC2015に引き続きRWC2019時の公式スポーツホスピタリティ商品全体運営・販売権をRugby World Cup Ltd（RWCL）から指定されており、大会組織委

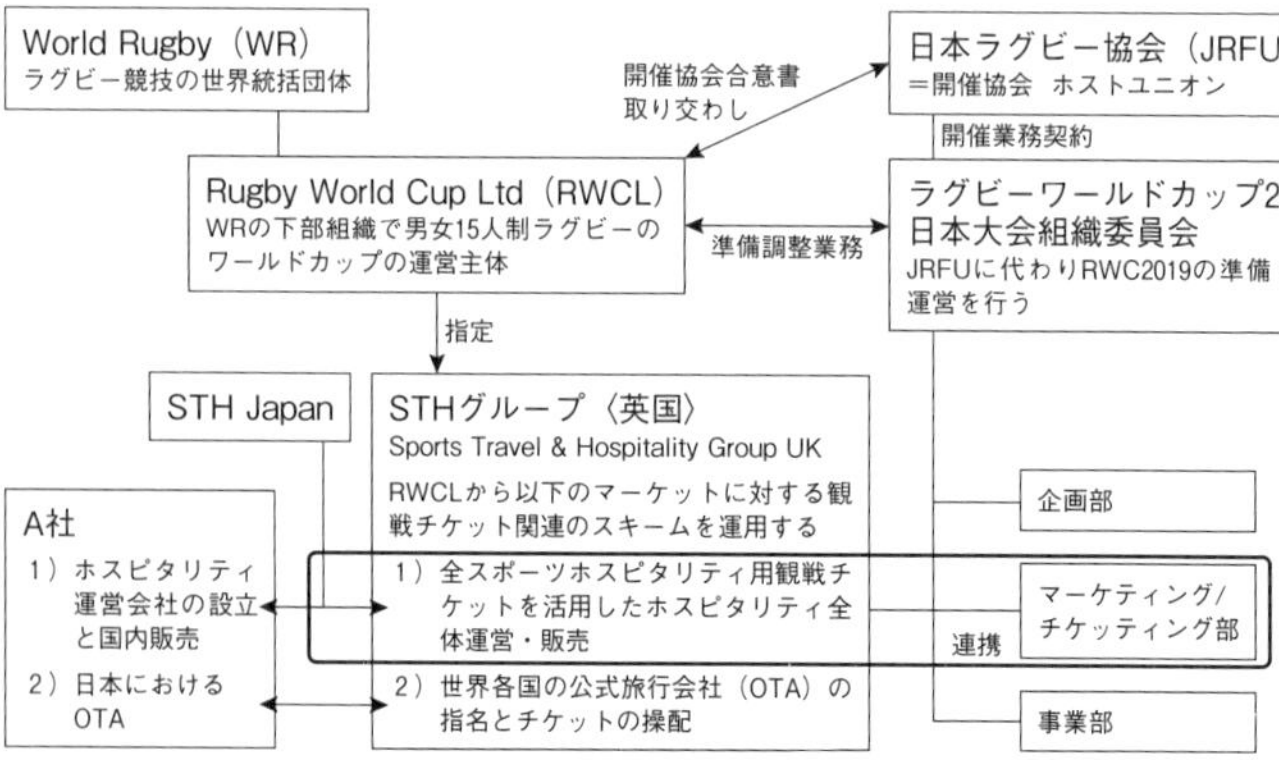

図２－２　RWC2019全体運営図

出典：筆者作成。

員会のマーケティング部チケッティング担当部署と連携しながら、日本での権利行使を予定していた。

基本的にスポーツイベントのスポンサーシップの権利と考えていたホスピタリティプログラム開催権は、スポンサーがスポンサーパッケージの一部として、あるいはオプションとして購入するかのいずれかであり、たとえ有料であってもスポンサー以外の法人や個人が通常以上のサービスを享受できる仕組みは、日本では主に企画チケットと呼ばれる特別シート用の観戦券に留まり、高い付加価値を持つパッケージについては筆者は見聞きしたことがなかった。

ＳＴＨ社グループ社は２０１５年ラグビーワールドカップイングランド大会と２０１９年日本大会でのスポーツホスピタリティ運営権を保持しており、イングランド大会時の実例を見聞するにつれ、この仕組みは日本のスポーツツーリズム界にもインパクトをもたらす可能性があるものと考え始めた。

主なポイントは次の通りである。

1. これまでのオリンピックを始めとするメガスポーツイベントで旅行会社が苦労するのは食事の手配である。通常のスタジアム内では軽食やジャンクフードしか一般には販売されていないため、着席でゆったりと食事を楽しむVIP向けのツアーの場合は、時間帯をずらしてスタジアム外のレストランやホテルで一定レベルの食事をアレンジしていた。スポーツホスピタリティ商品が一般化すれば、スムーズに行程が組めるようになる

2. 日本における「みるスポーツ」においては、VIP用のサービスが皆無であり、いわゆる富裕層向けの商材がほとんど無いに等しい。インバウンドを含めた富裕層マーケット向けに販売できる機会である

3. これからの潮流として日本の宿泊や輸送において、高級化路線が本格的に具体化されており、今後スポーツコンテンツにおいても同等レベルのサービス商材が必要になる

STHグループ社はすでに日本におけるスポーツホスピタリティ商品がほぼ存在しないことに気づいており、運営や販売において日本国内のパートナーが必要と考え始めていた時期でもあり、筆者の勤務先であり従来から法人需要やアッパーマーケットに営業力が発揮されたいてA社がその役割を担える可能性があることを示唆しつつ、イングランド大会終了後には、両社ともパートナー制導入にあたって検討段階に入っていった。そして2017年に合弁会社であるSTH JAPAN社が発足することになる。

■感動体験が詰め込まれていたラグビーワールドカップ2015イングランド大会

こうした検討段階に入る大きな要因として、すでに見てきた大型スポーツイベントにおける課題解決策としての位置づけと、業界トップとしてこの商材を日本マーケットに導入していきたいという意気込みが社内でも醸成されてきており、またSTHグループ社の親会社である世界最大級のフランスのケータリング会社、Sodexo 社の幹部の直接アプローチなどもあり、A社内では導入にむけての動きが活性化していった。実務レベルの事業内容と事業展開に必要なリソースの分析が裏打ちとして必要であったが、そのバックアップ情報としてのRWC2015での現場検証が大いに貢献することになる。

RWC2015の概要

RWC2015は2015年9月18日から10月31日まで開催の第8回ラグビーワールドカップで日本大会の直前大会としての位置づけで、開催都市含め多くの関係者が渡航し実際の現場を見学することになった。観戦ツアーはA社が公式旅行会社として約2000名のラグビーファンを現地にご案内した。後世まで語られるであろうスポーツ界最大の番狂わせと言われる日本が南アフリカに勝利した9月19日にブライトンで行われた試合をきっかけに、日本代表チームへのサポーターブームが沸き起こり、その後の対戦が盛り上がったのも記憶に新しい。試合会場は13か所である（表2－2）。

表2－2　RWC 2015開催都市とスタジアム一覧

	スタジアム名	開催都市名	収容人員	
1	トゥイッケナム	ロンドン	81,605人	開幕戦・決勝戦等のメインスタジアム
2	ウェンブリー	ロンドン	90,000人	サッカーで有名だが一部の試合が開催
3	オリンピック	ロンドン	54,000人	ロンドンオリンピックのメインスタジアム
4	シティオブマンチェスター	マンチェスター	55,097人	マンチェスターシティFC のホームスタジアム
5	セントジェームズパーク	ニュ-·キャッスル	52,409人	北部イングランド最大都市のスタジアム
6	ヴィラパーク	バーミンガム	42,785人	アストンヴィラ FC のホームスタジアム
7	エランドロード	リーズ	37,914人	リーズユナイテッドのホームスタジアム
8	レスターシティ	レスター	32,312人	地元ラグビーチームのホーム
9	スタジアム mk	ミルトンキーンズ	30,717人	サッカーとラグビーの併用スタジアム
10	ブライトンコミュニティ	ブライトン	30,750人	地元サッカーチームのホーム
11	キングスホルム	グロスター	16,500人	地元ラグビーチームのホーム。ラグビー専用
12	サンディパーク	エクセター	12,300人	地元ラグビーチームのホーム。ラグビー専用
13	ミレニアム	カーディフ	74,154人	ウェールズの代表的なスタジアム

出典：筆者作成（アミかけはスポーツホスピタリティ商品を視察したスタジアム）。

図２－３　RWC 2015時のトゥイッケナムスタジアムに設置されたスポーツホスピタリティ空間

（左）常設のスタジアム内ホスピタリティスペースではまかなえないため、隣接駐車場スペースに3000名収容の仮設スペースを STH グループ社が設置。

（右）一流シェフによるコースメニューの食事を楽しみながら試合前の時間を過ごす。

写真提供：STH Japan 社。

トゥイッケナム（Twickenham）スタジアム

トゥイッケナムスタジアムは１９０９年にオープンした、ラグビー発祥の地イングランドが誇るまさに聖地中の聖地にあたるラグビー専用スタジアムであり、サッカーのウェンブリー、テニスのウィンブルドンとともに世界中からのスポーツファンを魅了している。スタジアム内にはラグビー博物館が併設され、イングランドラグビー協会の事務所やマリオットホテルもスタジアム直結し、直接行き来が出来る。最寄りのトゥイッケナム駅からは徒歩15分だが、ラグビーの試合のある日はロンドン地下鉄リッチモンド駅からも臨時シャトルバスの運行がある。

ＲＷＣ２０１５では決勝を含むメイン会場となった同ラグビー場は、70室を超えるプライベートボックスを有するイングランドでも有数のホスピタリティ施設を保有している。また各所にファンクションルームを備え、その内容はリノベーションを通じて変化しつづけている。加えて直結するホテルにも宴会場があり、大きな試合の場合はそのスペースも活用しながらホスピタリティ商品需要に対応している。しかしな

図2－4　RWC2015時のブライトンスタジアム内ファンクションルームでの光景

© Kiyoshi Sakasai。

がらＲＷＣ２０１５のような世界規模のイベントの場合、そしてそれでもまかない切れない需要に応えるため、スタジアムに隣接する空きスペースや駐車場を活用して仮設空間を設置し、数千人に及ぶキャパシティのある独自建築物で対応していた（図2－3）。

Ａ社スポーツ担当役員を含む関係者が視察しゲスト用のフルコース飲食サービスの提供の実体験の機会が提供され、加えてキッチンエリアをメインとする主要なバックヤードを含む視察見学がアレンジされた。２階建ての仮設の内部にエレベーターが設置されており、アトラクションコーナーや清潔なトイレ等日本では全く存在を想像しえない空間を体験し、非常に感銘を受けた記憶がある。

ブライトン（Brighton）会場

その後も日本代表チームがそれまで優勝2回を誇る南アフリカチームを破ったブライトン（Brighton：ロンドンの南約１００km）の会場にも足を運び、ホスピタリティサービスの実踏を行った（図2－4）。収容人数は３万人程度だが、スタジアム内に２００名程度のキャパシティのあるファンクションルームがあり、ここで食事サービス等が展開されていた。ブライトン自体の人口が30万人弱程度であるが、これほど立派なホスピタリティ施設を保持していること自体が驚きであり、地域でもそれだけの需要のある証明であると感じた。

ミルトンキーンズ（Milton Keynes）会場

ミルトンキーンズはロンドンの北西約80キロに位置する比較的近年に開発されたニュータウンである。人口は約26万人。２００７年に建設された「スタジアムｍｋ」と呼ばれるスタジアムを擁しており、ここでＲＷＣ２０１５期間中に日本対サモア戦が行われた。ホスピタリティ商品はスタジアム直結のホテル内ファンクションルーム兼レストランで展開され、食事サービスの後、この会場から観戦座席までは、スタンド直結の出入口が用意されていた。トゥイッケナムも同様のファシリティとアクセスが存在するが、このような大都市から比較的距離のあるニュータウンシティのスタジアムでも世界基準の施設が整っていた。

グロスター（Gloucester）会場

イングランドでは歴史ある都市のひとつ。ロンドンの西約１５０㎞で人口約13万人。ＲＷＣ２０１５の会場となったKingsholm スタジアムは、東京神宮にある秩父宮競技場を彷彿とさせる歴史あるスタジアムである。建設は19世紀後半までさかのぼり、トゥイッケナムスタジアムが完成するまではイングランドラグビーチームのホームグランドとして利用され、地元ではHome of Rugby とも称される。ホスピタリティ空間は比較的小さ目だが、歴史を感じるファンクションルームで食事を楽しんだ後、隣接するテラス席に移動し、観戦を楽しむことができる。

■その後の海外調査及び国内市場想定から得たスポーツホスピタリティ商品事業の検証

筆者のRWC2015時のイングランド滞在は、スポーツホスピタリティ商品の検証が本来の目的ではなく、A社ロンドン支店とともに観戦ツアーに参加したお客様が快適に過ごせるような仕組み作りが一義的な目標であった。ツアー運営自体は極めて順調に経過し、日本代表チームの歴史的な勝利を含めて大いに盛り上がった。と同時に4年後の日本大会に向けてのスポーツホスピタリティ事業への事前準備を開始することになった。日本での展開においては、RWC2019のみならずその将来性についての検討をする必要があると判断したため、欧米豪に出張時にはできるだけ多くのスポーツホスピタリティ施設の見学もしくは実際にホスピタリティ商品を購入し、実体験を重ねていった。詳細は第3章に記載しているが、経済的に不安定なブラジルにおいてもスポーツホスピタリティ商品のファシリティが整っており、スポーツ文化の一つとして日本での本格的な展開の可能性を感じとった。

また一方で、コンサルティング会社を経由して国内重要想定も並行して検証した。コロナ前の数値ではあるが、結果として潜在需要としては325億円規模のマーケットが存在すると推察された。おおむね全体の4分の3を占めるのが、試合数が多く人気度の高いプロ野球であり、続いてサッカーやモータースポーツがこれに続く。また、法人需要のみフォーカスすると日本全国の接待交際費規模が約3300億円であるため、たとえば、そのうち約10%がこのスポーツホスピタリティ商品購入に当てられれば事業としては前向きな展開が可能な市場であると判断された。以上を踏まえA社はSTH

グループと合弁会社ＳＴＨ ＪＡＰＡＮ社（以下ＳＴＨＪ社）設立に向け準備を進めていくことになる。

国内需要のみならず将来的な海外からのマーケット市場への考察を行うため、近年我々はインバウンド市場を中心とした日本への誘客を担う政府機関であるＪＮＴＯ（Japan National Tourism Organization）日本政府観光局へ富裕旅行市場についてのヒアリングを行った。市場横断プロモーション部長伊与田氏によると、同局ではコロナ以前から高い消費を行う高付加価値旅行者の誘致に着目しており、主に欧米豪市場を対象に富裕旅行商談会への参加等、海外の富裕旅行取扱旅行会社を対象とするＢ to Ｂの取組を行ってきた、とのこと。また日本における一般的なツーリズムコンテンツについては、富裕旅行向けのサービスと施設を備えた宿泊施設が特に日本の地方には少なく、また、富裕旅行層の関心に合わせた付加価値の高い体験コンテンツなどやそれを支える人材も競合国に比べて不足しているとのことであった。一方で、豊かな自然環境や独自の地形の優位性を最大限に活かすことができるアウトドアアクティビティは強みのひとつで、独自の文化や食の魅力などを絡めた単価の高いアドベンチャートラベル（AT：Adventure Travel）が造成できれば強みとなりえるとの見解であった。

このように「する」スポーツについては富裕層マーケットを視野に入れた方向性が確認できた。「みる」スポーツの高付加価値コンテンツの一つでもある地域開催を含めたスポーツホスピタリティ商品については、今後の新たな検討を期待したいと思うが、国家レベルでの施策の導入も目前であるとも想定している。

Key Point

このように日本でのスポーツホスピタリティ商品の本格的導入は外圧に近いプロセスで実施されたものの、その成果としては充分に評価されるべきだと思われる。

1．事前の国内マーケット調査や海外事例の検証を通じたポテンシャルの顕在化
2．事業化にむけての明確な方向性とスポーツ産業全体の拡大への期待感
2．ＳＴＨグループとの合弁会社化という一方通行的なフローを避けた共同開発の方針

がＲＷＣ2019時のスポーツホスピタリティ商品導入時において前向きの判断となった理由である。

3 スポーツホスピタリティ商品の構成と感動体験から得られる効果

Q 国内でスポーツホスピタリティ商品を導入するためのポイントとは？

■おもてなしを演出する物理的空間をどう創出するか？

さて、ＲＷＣ2019時のＳＴＨＪ社実績からみるとスポーツホスピタリティ商品購入者の約70％が法人需要であることがわかっている。こうした法人がスポーツホスピタリティ商品を購入した理由は明確で「一生に一度、観戦できるかどうかのスポーツイベント時に取引先のキーマンを招待し、時間と空間を共有することで、さらなるリレーションを高める」目的があるからである。

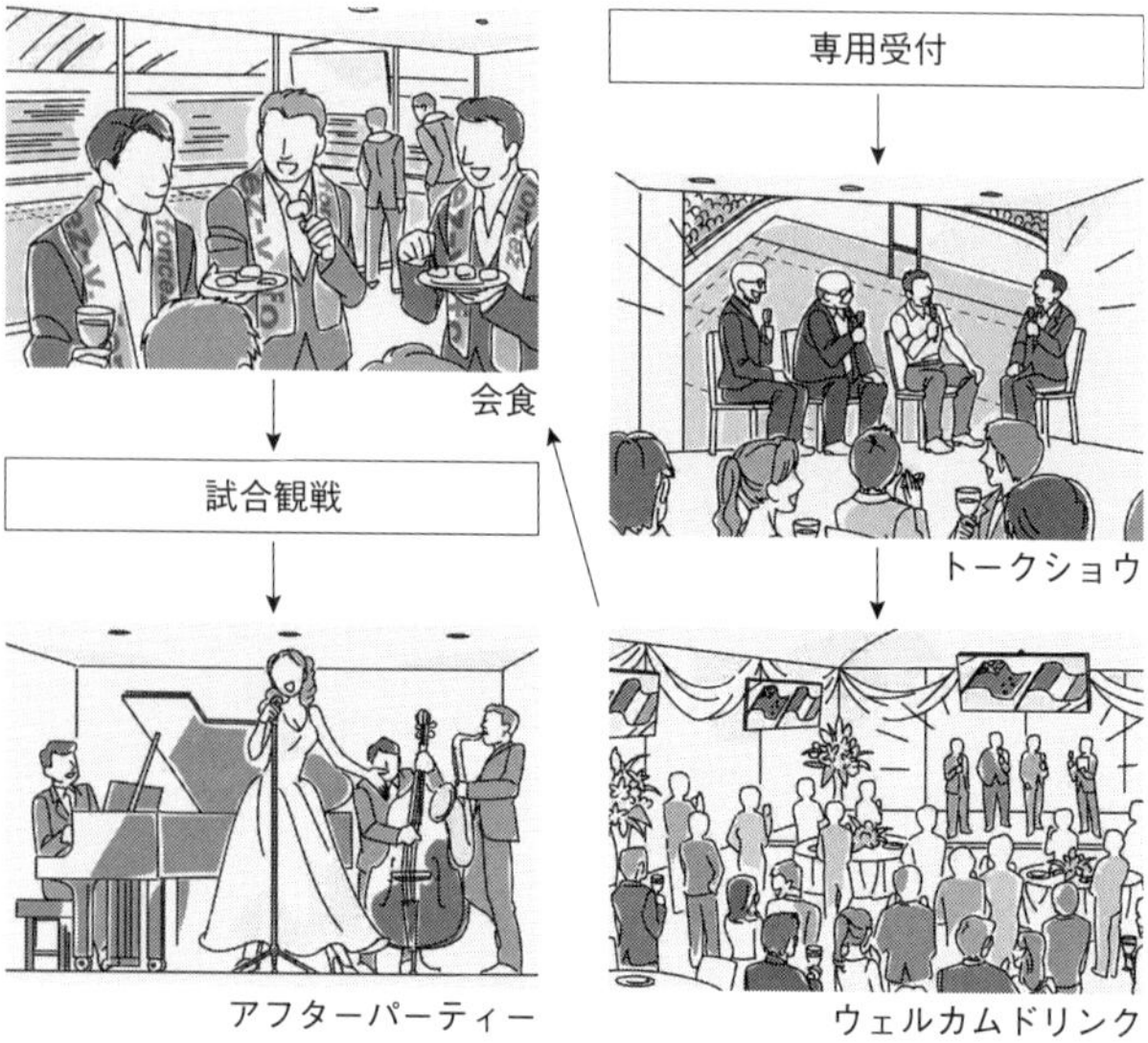

図2−5　トップレベルのスポーツホスピタリティ商品の当日の流れ

出典：JTB 総合研究所の資料をもとに筆者作成。

すなわちスポーツ接待とも称せられるような「おもてなし」の気持ち、どれだけそのキーマンを大事にしているかの表現といえるだろう。別のアングルからみると、①おもてなしに必要な物理的空間、②ふさわしい食事のクオリティや人的サービス、③その他の構成要素、④サービス商品の内容を理解しかつ経済的に購入可能なマーケットの存在が必要となる。

個々に検証していこう（図2−6）。

まずはホスピタリティサービスを提供する物理的空間をどう創出するかである。ここでは4つ大きなタイプがある。

1つめには「ベストな接待空間で観戦もできる設備」である。いわゆるプライベートボックスやVIPルームと呼ばれる観戦席がフィールド側に設置されており、隣接するように数十名程度が座れる椅子・テーブルが用意されている個室空間である。

2つめにスタジアムやアリーナ内にある「ファンクションルーム（概ね50名程度以上）の活用」である。すなわち飲食はそのファンクションルームでサービスされ、空間は共有だがテーブル単位で販売すること（原則相席不可）により、コミュニケーション空間が創造される。飲食後は観戦シートに移動し、試合終了後には混雑を避けるために、同空間に戻りアフターマッチファンクション等を楽しむ流れである。

3つめに競技場内に収容人数に適当な場所がない場合、もしくはあっても需要に追い付かない場合は、近隣の類似施設（ホテルのバンケットルーム等やレストランの貸し切り）を代替施設として利用する。ただし原則徒歩圏内であり、アフターマッチファンクションを試合終了後に立ち寄れるルート上に位置することが望ましい。ただし代替施設そのものが非常に魅力的なものであれば、貸切バス利用でも問題はない。

4つめに近隣にふさわしい施設もない場合は、空き地や駐車場を活用して仮設建設物を構築する。RWC2019の場合は、横浜国際総合競技場そばの少年野球場を相応の期間貸切りし、そこにフラグシップスポーツホスピタリティ空間を作り上げた。ただし仮設建築物は外装のみならず、VIPルームやファンクションルームに相応しい内装や設備が必要となるため非常にコストがかかる。また、キッチンやトイレなどサービスに必要な最低限の付帯設備が必要となるため、建築法のみならず消防法や食品衛生法の確認が必須である。このような観点からホスピタリティ空間の仮設での設置は、大型国際スポーツイベント等需要が大きいものに限られると判断する。

この中では当然のことながら1つめの「VIPルーム」タイプが最も価値を生む空間となる。

■ふさわしい飲食や人的サービスの提供

社交空間を創造する場合飲食の役割は非常に大きい。著名レストランの質までは望めなくても、一定以上のレベルのクオリティをもつ飲食を提供することが、接待目的に必須であることは言うまでもない。

これまでの日本におけるスポーツコンテンツホルダーは、こうした接待利用を目的としたマーケットに対する意識が希薄もしくはなかったため、スタジアムやアリーナ内にキッチンや個別のパントリーを保有するケースは非常に稀である。最近は調理後の保存技術が進んでいるため、ケータリングでもレベルの高い食事を提供することが可能となってきているが、直近の注文への対応やベストタイミングでの食事サーブ等に限界が生じる。また過度なアルコールはご法度ではあるものの、ビールやワインの他ウィスキーやブランデーなどのスピリット系の豊富さも必要であろう。もちろん事前にアレルギーや好みのお酒のリクエストがあれば、それにこたえるだけの準備が必要である。

そして、それらの飲食をサービスするスタッフや受付からご案内、ご要望にお応えするコンシエルジェサービススタッフについても一流の立ち振る舞いが要求される。外国人ゲストのためのバイリンガルスタッフの配置や、緊急時の対応等臨機応変かつスマートな待遇を求めたい。以上のような飲食とスタッフの基準であるが、食事提供やスタッフの導線がゲスト導線とかぶらないように設計することによりスマートで印象的なサービスが提供できる。

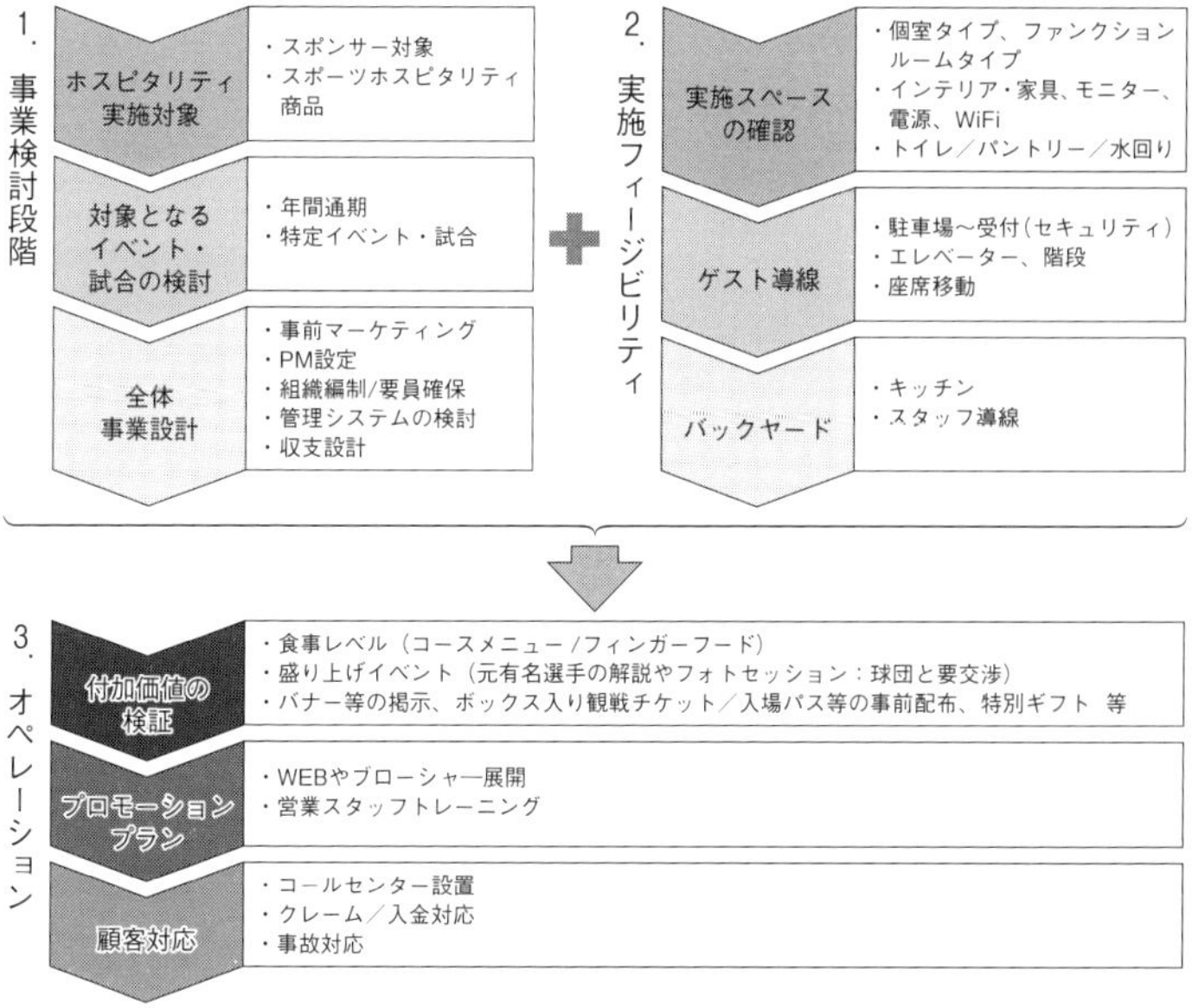

図２－６　スポーツホスピタリティ商品導入にあたってのアセスメントフロー

出典：筆者作成。

■その他／アクセス／利便性等の重要点

スポーツホスピタリティ商品は、当日会場に到着してスタートするものではない。

購入希望者が問い合わせた時点で既に商品展開は始まっており、コールセンターや営業担当者の言葉遣いが一流であることが基準である。購入社（者）の希望に応じて、招待状のデザインから文言、そして送付するチケットの包装までが受け取ったゲストの心をおどろかせ、当日を待ちに待った気分にさせるシナリオ作りが重要である。

会場へのアクセス、特に駐車場の確保とレセプションでの対応から、最も近距離でアクセスできるスポーツホスピタリティ会場へのルートの設置まで、いわゆるゲストジャーニーへの配慮が重要である。一般客と分離されたアプローチルートが必須であり、プレミアム感を醸成する。

商品構成によってはエンターテインメント要素を組み入れる場合もある。有名解説者やOB選手に登場してもらい、ファンクションルームタイプなら壇上に上がり、VIPルームタイプであれば部屋を訪ね、試合の見所などを聞くことになる。当然のことながらフォトセッションや実際の会話、お土産用のサイン入り色紙やグッズの提供等を通じての経験価値は高まっていくことになる。

試合終了後は一般観戦客を含めて混雑が想定されてため、しばらくホスピタリティ空間で試合後の飲食サービス等を楽しみながら時間を過ごすケースが多い。30分から1時間程度、スタジアムあるいはアリーナ内のサービスの行き届いた空間に留まることにより、スムーズな帰宅が可能となる。

こうした構成要素が組み合わされることにより、購入社（者）に招待された参加者は貴重な経験を提供してくれた会社もしくは個人に謝意の感情を持ち、その後のビジネスにプラスのアクションを取ることとなる。購入社（者）側も「スポーツ観戦」という万人向けの魅力あるコンテンツを目的とした「お誘い」は声をかけやすく、どことなく秘密裡的な香りがただよう従来型の料亭や2次会のクラブ接待とは一線を期するものでもある。そしてその試合内容の結果や印象深いプレー等の感動空間と時間を共有した事実は、以降の会話でもたびたび登場することとなり、その後のリレーションを確固なものとする可能性が高い。

■マーケットの状況と将来性

いくら素晴らしいスポーツホスピタリティ商品プログラムを作っても、実際のマーケットが存在しないと無意味である。実際のRWC2019では100億円を上回る売り上げがあり、その約半分が日本国内市場であった。またそのうちの70%が法人需要であったため、推定40億円弱の国内コーポレート市場があったということになる。日本全体の交際費額は約3300億円ともいわれているが、推定ではその1・2%が使われたことになる。判断は難しいが、わずか48試合（48日）かつ関連する法人数が限られるところから見ると比較的インパクトのある数値といえるのではないだろうか。

日本では従来料亭や人気レストラン、そして2次会に高級クラブに招待することがこれまでの接待プランの王道であったともいえるだろう。しかしながら、今後の招待者側の考え方や非招待者側の立場を推察すると、これまでの日本の男性社会を想定した接待システムに変化が起きてもおかしくないステージともいえる。女性幹部や女性の決定権者が社内で増加傾向であることは言うまでもなく、増え続ける国際化とともに海外取引先の拡大と外国人キーマンとの社外コミュニケーションを図る場としてスポーツホスピタリティ商品のポテンシャルは有望と想定する。

こうした要素を享受したい個人需要も存在する。すなわち何らかのリレーションが既に存在し、そのリレーションをより強固なものにしたい、あるいはリレーションを維持したい環境にある場合である。

例えば家族間の誕生日パーティ代わり、恋人同士のデート、友人間で参加するイベント等のケースである。このマーケットは現在例えばプロ野球では企画シート（ファミリーシート、ペアシート、バーベ

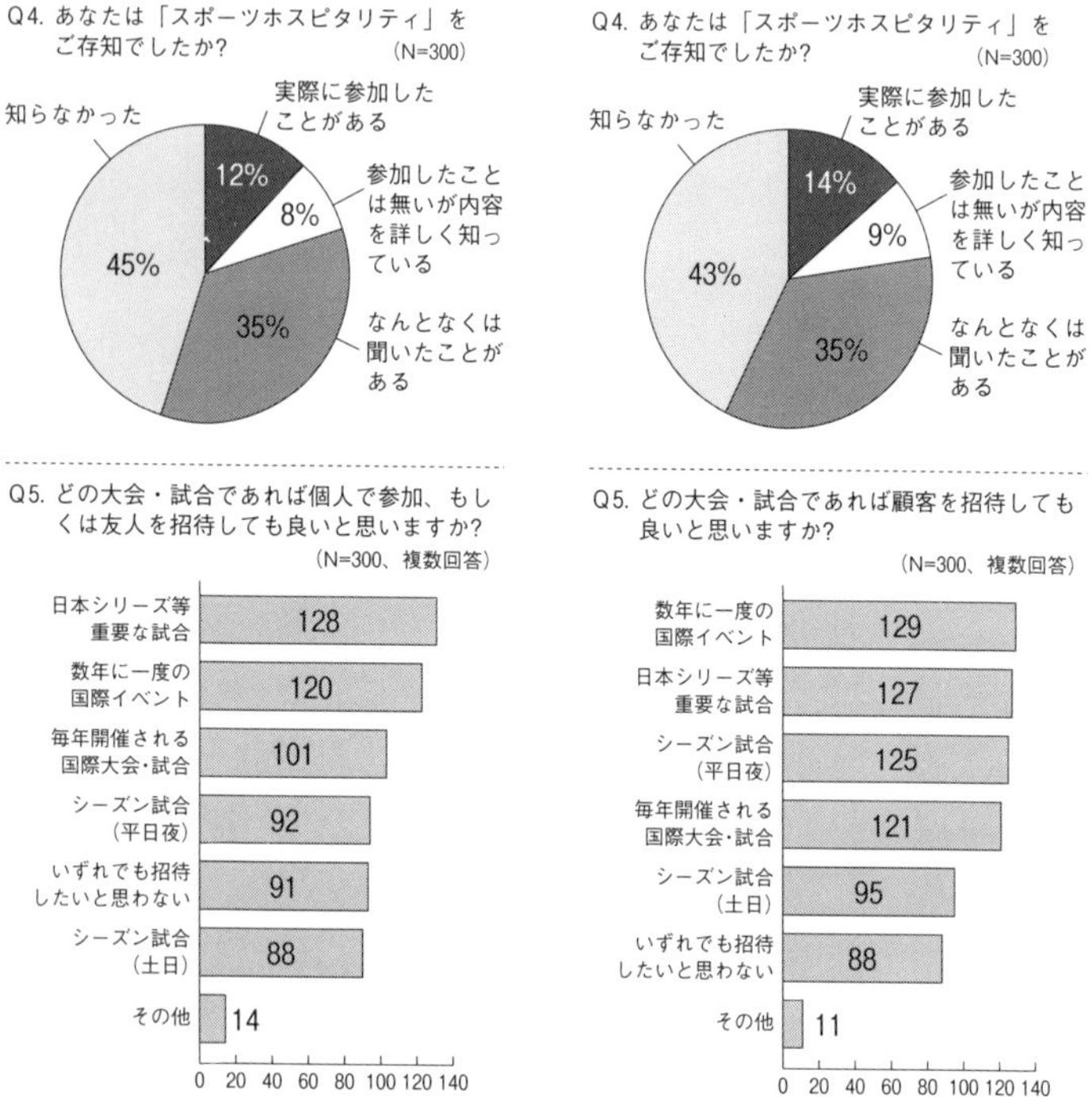

図2－7　2017年実施の日本国内調査から（左＝富裕層：保有金融資産が7,000万円以上の世帯主　右＝管理職：従業員数が500人以上の企業に勤務している課長以上）

出典：JTB総合研究所より資料提供。

キューシート等）で吸収されているマーケットだが、より高品質のサービスを求める富裕層に対しては、スポーツホスピタリティ商品は魅力ある商材として受け入れられると思われる。

図2－7の調査結果から推察できるのは少なくとも富裕層や大企業の管理職者の2割程度はこの商品の存在や価値を認識しており、スポーツコンテンツ次第で利用想定をしていると読みとれ、スポーツホスピタリティ商品の潜在需要の存在が明らかになっている。

Key Point

このようにスポーツホスピタリティ商品導入にあたっては、以下が基本的な要件となっていく。

1. 需要想定としての接待文化の再検証
2. 購入企業が評価しうる接待基準や高所得者層向けおもてなしレベルの開発、維持
3. 導入にあたっての実現性の高いプロセス計画と実施

4　100億円以上の売上げを生み出した組織と人材
――スポーツホスピタリティ商品の準備と運営

Q「RWC2019をきっかけとした今後の国内スポーツホスピタリティ商品の事業化のポイントとは？」

■日本初のラグビーワールドカップ2019日本大会時の本格的スポーツホスピタリティ商品を運営したSTHグループとは？

欧米豪ではそれまで一般的であったスポーツホスピタリティ商品が2019年ラグビーワールドカップ日本大会で本格的に国内で企画・販売・運営された。この商材を一手に事業展開していたのが、STHJ社である。同社はイギリスに本社のあるSTHグループ社と日本の大手旅行会社A社の合弁会社である。導入のきっかけから準備・運営まで改めて考察したいと思う。

STHグループ社とは

STHJ社の親会社であるSTHグループ社は、2004年設立のスポーツホスピタリティ商品に特化した会社である。設立のきっかけは2003年ラグビーワールドカップオーストラリア大会にさかのぼる。当時同商品を取り扱う別会社が存在したが、不幸にも経営が思わしくなく、十分なサービスを提供することが出来なかった。

この事態を重く見たＩＲＢ（当時。現 World Rugby）が英国国内でラグビーに関するホスピタリティ事業とトラベル事業を取り扱っていた Mike Burton 社と相談し、フランスの最大手ケータリング会社の Sodexo 社と同社とで合弁で設立した会社がＳＴＨグループ社の前身であるＲＴＨ（Rugby Travel and Hospitality）社である。

ＲＴＨ社はその後ＩＲＢからの指定を継続し、２００７年フランス大会の成功をきっかけに２０１１年ニュージーランド大会でもスポーツホスピタリティ事業を成功させた。その後２０１２年にはオリンピック史上初めてのロンドンオリンピックにおけるスポーツホスピタリティ商品を展開し、ラグビー以外のスポーツ大会にも進出した。ウィンブルドンテニスや世界陸上等でも実績を積み上げ、２０１５年のラグビーワールドカップイングランド大会及び２０１９年同日本大会を同時受注するなど躍進を遂げてきた。現在はニュージーランドとオーストラリアに日本と同様関連会社を保持しており、２０１８年には社名をＲＴＨ社からＳＴＨ（Sports Travel & Hospitality）グループ社に変更し、グローバルスポーツイベントにおけるスポーツホスピタリティ商品を取り扱うことを生業としている。

ＳＴＨＪ社の設立　そのねらい

順調にラグビーワールドカップでの実績をつみ上げてきたＳＴＨグループ社であるが、２０１９年の日本大会においては課題が多かった。同日本大会はアジア初、強豪国以外で初であり、ラグビーワールドカップ大会全体運営そのものはもとより、シックスネーションズやラグビーチャンピオンシップ等世界的に知名度のある国際的なラグビーの大会の経験値のない国での開催だったため、スポーツホスピタリティ商品の運営及び販売における知見が十分に蓄積されている状況ではなかった。

このため相応しいパートナーの必要性を求めることとなり、最終的に従来型のスポーツ関連商品からの脱却を目指すとともに法人及び富裕層マーケットに強いA社と合弁会社を設立することとなる。

２０１７年２月登記されたＳＴＨＪ社は、ＳＴＨグループ社採用の代表取締役とA社からの出向の副社長1名と部長級1名そして日本採用の数名から始まった。要員数は、ＲＷＣ２０１９大会直前には80名ほどとなり、世界各地からこれまでのラグビーワールドカップはもちろん、それ以外の大型国際スポーツイベントでスポーツホスピタリティ商品事業の経験値のある人材を集め国際色豊かな組織体として運営に当たった。

公式旅行会社の指定も受けていたA社は引き続き出向者の供出と、主に法人顧客への営業の枠組みで本事業に取り組んでいくことになった。

■１００億円を売り上げたビジネスの課題と成果

まずスタジアム内のスポーツホスピタリティ商品の運営に相応しい空間の確保が第一の課題であった。会場となるスタジアム自体は２００２ＦＩＦＡワールドカップ時に設置されたものなど比較的新しいものであったが、貴賓室等のプロトコル用の部屋はあったものの、おもてなし空間が備えられているのは皆無あるいはあったとしても数や広さが足りず、多くの場合こうしたスペースは主にスポンサー用に回されていた。また、後述の通り、キッチン並びに食事導線やスタッフの控室等スポーツホ

図2－8　仮設設置によるホスピタリティ空間例

筆者撮影。

スピタリティ商品提供に不可欠な施設が整っておらず、商品展開そのものを諦めざるを得ないケースもあった。

最もひっ迫したのは横浜国際総合競技場で、最人気の決勝戦を含む主要7試合が組まれていたにもかかわらず、スタジアム内に需要を満たすだけのスペースがなかったため、隣接した少年野球場を借り上げ、そこに仮設のフラグシップホスピタリティ空間を作りあげることになった（図2－8）。

設置にあたっては、相応のサービス提供が必要なため内部にキッチンやトイレ等を整えるため、建築法はもとより、消防や食品衛生法等の認可を取るため、横浜市からのバックアップを得ながら進めていった。また、この仮設施設では賄いきれない需要に対しては、移動の手間が発生するものの横浜市内の有名ホテルのバンケットルームを使ったホスピタリティ商品も展開し、トータルの需要に応えた。地域でのホスピタリティ空間については、例えば東京スタジアムや静岡県エコパスタジアムでは隣接した体育館を利用、豊田スタジアムでは常設のスタジアム内レストランを活用するなど工夫しながら設置していった（表2－3）。

表２－３　RWC 2019時の会場ごとのホスピタリティ空間

	スタジアム	開催都市名	収容人数	スポーツホスピタリティ実施内容
1	札幌ドーム	札幌市	41,410人	○
2	釜石鵜住居復興スタジアム	岩手県・釜石市	16,187人	×
3	熊谷ラグビー場	埼玉県・熊谷市	24,000人	◆
4	東京スタジアム	東京都	49,970人	△
5	横浜国際総合競技場	神奈川県・横浜市	72,327人	▲
6	小笠山総合運動公園 エコパスタジアム	静岡県	50,889人	△
7	豊田スタジアム	愛知県・豊田市	45,000人	○
8	東大阪市花園ラグビー場	大阪府・東大阪市	26,544人	◆
9	神戸市御崎公園球技場	神戸市	30,312人	○
10	東平尾公園博多の森球技場	福岡県・福岡市	22,563人	○
11	熊本県民総合運動公園 陸上競技場	熊本県・熊本市	32,000人	×
12	大分スポーツ公園総合競技場	大分県	40,000人	○

○＝ホスピタリティ商品に相応しい空間があり、商品として発売した
△＝ホスピタリティ商品の相応しい空間はあったが、儀典用、スポンサー用等で利用が制限され、近隣の既存施設で商品展開を行った
▲＝△と同条件だが、仮設も設置した
◆＝△と同条件だったが、近隣に施設もなく、仮設も設置しなかった。結果として商品展開しなかった（除くプレミアムシート）
×＝儀典用を除きふさわしい空間がなく、商品展開しなかった（除くプレミアムシート）
出典：筆者作成。

そして、これまでSTHグループ社が行ってこなかった、実観戦券に食事や飲み物及び観戦グッズなどをパックにした「プレミアムシート」と呼ばれる独自の空間サービスのないスポーツホスピタリティ商品を一般観戦チケットのグレードアップバージョンとして各会場で展開した（基本的にインターネット販売のみ）。これまで本格的なスポーツホスピタリティ商品になじみのなかった日本マーケットにおいて、この新たな様式は比較的入手しやすい価格帯とも相まって

表2－4　発売商品の一例

スポーツホスピタリティ商品名称	金　額	空間タイプ	含まれるもの
ウェブエリス・スイート	一部屋当たり 4,385万6,000円	仮設VIPルーム（定員20名）	決勝を含む横浜総合国際競技場での7試合観戦券、各試合前後の飲食、エンターテインメント、スペシャルギフト
ウェブエリス・パビリオン	一人当たり 187万8,700円	仮設ファンクションルーム	
ゴールド	一人当たり 138万6,000円	近隣ホテル内ファンクションルーム	

出典：STH Japan 社より資料提供。

個人向けホスピタリティとして人気を博した。

価格設定に関してはすべてＳＴＨグループ社が設定し、おおむね通常チケットの４倍から６倍程度で販売された（表２－４）。

■成果をあげることができた販売方法と組織作り

日本ナショナルチームの活躍もあり、初めて取り組んだ本格的スポーツホスピタリティ商品は結果的に６万３０００パッケージ、１００億円という大きな売上げ結果となった。

Ａ社としてもこれまでの観戦ツアーに加えて、プラスの収益が確保されたことになり、旅行会社のスポーツビジネスへ取り組みの先進事例となった。

クライアントアカウント数は１万３０００件ほど。そのうち72・１％が国内需要であり、日本マーケットの可能性が示唆された。また７割がＢtoＢ、３割がＢtoＣということで法人需要中心に販売が行われた。販売については、ＳＴＨグループ社が過去４回のラグビーワールドカップでの実績を元に既存のグローバルクライアントが本格的な発売前に安定的に購入意欲を示していた点が大きい。ＳＴＨＪ社でもバイリンガル営業スタッフが在日の欧米豪企業を中心にセールスにあ

表２－５　実績のなかで注目すべき数値

商品販売総数	63,809	
BtoB/BtoC 比率	71% / 29%	
国別購入元	72.1%	日本
	10.1%	英国
	3.5%	オーストラリア
	2.5%	米国
	1.6%	アイルランド
	1.4%	香港

出典：STH Japan 社より資料提供。

たり、それ以外にも自社ＨＰで問い合わせのあった潜在顧客や需要が想定される企業に対してアプローチからクロージングまで行った。またＡ社の既存顧客にもＡ社の営業スタッフが提案を行い、順調に数値を伸ばしていった（表２－５）。営業時に重要なことは、このホスピタリティ商品の意義や重要性の理解であり、単に食事つき、エンターテインメント付きといった表面上の説明では法人はまず魅力を感じない。感動空間における一般観戦者とは異なるサービスを受けることによる接待目的という意味合いが理解されると、話題性も相まって関心度が高くなっていく。従来の日本ラグビー協会のパートナー企業や広告代理店からも多くの問い合わせや申し込みがあり、特に日本代表チームの活躍とラグビーそのもののメディア露出の拡大とともにその数は高まっていった。

そのような需要を取り込み、売り上げ増加に貢献できる組織作りも必要である。今回のような目的型ジョイントベンチャー企業においては、指示命令系統の明確化と海外事例に熟知するスタッフの雇用が大きなキーファクターとなった。設立当初は日本在住の外資系会社幹部であったオーストラリア人をＳＴＨ

グループ社が採用し社長に任命、A社からは副社長と財務・総務系の部長が出向者として、A社本社の支援を得ながら立ち上げの諸手続きを行った。また営業やマーケティング等ランニングステージ前に要職をバイリンガルの日本人採用でまかなっていった。

このほか、全体運営責任者は英国の豊富な知見を持つ幹部が重要なポイントで、出張ベースで来日し、関係者との会議や交渉に臨むところとなった。英国側は日本の商習慣や法制度が判らず、日本側は初めての商材への取り組みだったため、当初は種々摩擦が生じたが、日本側がRWC2015時の視察を通じてゴールイメージが共有化できていたため、プロアクティブにアクションすることにより解決方法を見出していった。

STHグループ社の強みとなる企画・運営・営業・精算までのワンストップサービス提供のため、それぞれの部門の責任者を日本採用もしくは過去大会での経験者を短期採用し、それぞれプロフェッショナルとしての業務を行い、結果として前項で見てきた成果を残すことが可能であった。

RWC2019対応中の2019年4月に第32回オリンピック競技大会（2020／東京）（以下、東京2020オリンピック）のホスピタリティパッケージ業務委託の案件に対する別部隊が、A社からのさらなる出向者をはじめとしてチーム編制され、こちらも幸いにして取扱い決定の結果を見たが、無観客決定をうけ事業として成立しなかったのは誠に残念である。

■札幌ドームの事例

ここまで全体的なRWC2019大会での課題、成果等を述べてきた。次に個別の事例について述べたい。札幌ドームでは開幕直後の2試合が開催された。ラグビーワールドカップ史上初めてのドーム型の会場となった。スポーツホスピタリティ商品は既存のファンクションルームのスペースを活用し、ややカジュアルタイプのビュッフェ、フィンガーフードを中心としたラウンジ形式の商材となった。スペースがやや狭かったこともあり、おおむね100名前後の収容人数となったが、調理は地元のホテルに依頼することでインターナショナルレベルを確保し、ゲストスピーカーや特別ギフト等一連の付加価値サービスが提供された。同スペースからフィールドを俯瞰することはできないが、観戦シートへのアクセスもよく、利便性は高い。受付通路がやや狭くスペース自体へのアプローチがややわかりにくい点もあったが、開幕戦直後のイングランド戦、オーストラリア戦ということもあり、ホスピタリティ商品購入者は海外からの観戦者中心で、ラウンジでゆっくりと談笑しているシーンもみられた。地域での初めてのオペレーションであったが、本来のスポーツホスピタリティ商品の目的は達せられたといえる。

■東京スタジアムの事例

開幕戦を中心に試合が組まれ、横浜国際総合競技場に次ぐ人気カードの試合が開催された。スタジアム内にはいくつかのＶＩＰルームが存在しているが、賓客やスポンサー用となったため、スポーツホスピタリティ商品は隣接する武蔵の森総合スポーツプラザで展開された。同会場はいわゆるアリーナタイプだったためフロアレベルに建材で区切ったホスピタリティ空間を創出した（図2-9）。利用可能面積が大きかったため、一部をスポンサー用として利用。ケータリングは外資系グローバル企業

図２－９　隣接空間の演出例

筆者撮影。

に依頼した。

日本戦となった開幕カード時には多くのゲストをもてなすことになり、国内企業の購入者も多く見られた。

このスペースで収容できないゲストには、新宿のホテル内のファンクションルームで食事をとり、その後専用バスでスタジアムに向かうプランも案内された。このパターンは決勝トーナメントにおける次項の横浜国際総合競技場のケースでも企画され（会場は横浜市内もしくは新横浜駅近くのホテル）、全体的な数の押しあげにつながったといえる。移動に伴いゲスト側の利便性を損なう点があるものの、既存施設でクオリティの高いホスピタリティサービスが提供できるため、今後の日本におけるスポーツホスピタリティ商品、特に設備やキャパシティに課題のあるスタジアムでのサービス提供の解決策として有効と判断できる。

■横浜国際総合競技場の事例

横浜国際総合競技場内にはいくつかのＶＩＰボックスとファンクションルームが存在したが、スペースの広さと数が不足し、東京スタジアムと同様に賓客とスポンサー利用のみとなったため、スタジアム外でスペースを確保せざるを得なかった。隣接していくつかの駐車場や空き地があるが、大雨の際、近くを流れる鶴見川の遊水池（調整池）となっているため、年に一度あるかないかの増水リスクに備え、徒歩10分以内の通常少年野球の練習等にて利用されている「新横浜駅前少年野球場」を利用することになった。この判断は正しく、おりしも期間中に来襲した台風19号により、スタジアム周辺のスペースは水浸しとなってしまった。開催都市の横浜市には積極的にサポートいただき、この野球場のスペース確保とともに近隣住民への理解を求める活動等ポイントをついたアドバイスを受けながら、仮設建設が進んでいった。ホスピタリティサービス提供に必要なキッチン、スタッフ控室、トイレ等はもとより、1300名を要する空間にふさわしい空調やWi-Fi設置、消火器、電気配線、水回り等試合数わずか7日のために大掛かりな工事を行った。各種法規に則った書類申請も横浜市の支援を仰ぎながら進め、過去大会ではSTHグループ社が経験しえなかった台風の強風にも耐えうる施設の設置となった。

以上の通り、主だった会場3つを取り上げたが、3種3様であったことが理解できたかと思われる。このように定期的な大型国際スポーツイベントにおいても、スポーツホスピタリティ商品の開発にあたっては、スタジアム内部設備や周辺環境および試合や商品そのものへの需要などを慎重に分析しながら取り組む必要があると思われる。実際の運営においては、アセスメント（図2-6）に基づくスポーツコンテンツホルダー、施設運営者、スポーツホスピタリティマネジメント会社（及びその他ステークホルダー）が事前協議を十分に行い、それぞれが納得いく方向性で合意を得て取り組むことが肝要だと判断する。

Key Point

あらゆる事案について言えることだが、新たな取り組みを国内で実施する場合はこれまで見てきた通り様々な課題が生じる。これに対して日本の社会的文化的背景を配慮しつつ海外事例も参考にしながら一つ一つ丁寧に解決していく必要がある。RWC2019時のスポーツホスピタリティ商品導入においては、まさに組織委員会やRWCL、開催自治体をはじめ多くのステークホルダーの方々の理解と指導のもと、結果として100億円に達する売り上げを達成できた。今後の国内におけるさらなる導入においては、これまで見てきた通り以下のポイントが挙げられる

1．スポーツホスピタリティ商品導入、展開におけるしっかりとした組織体制
2．会場ごと、イベント毎の商品の形態・価格等の柔軟性
3．ステークホルダーとの合意形成

大型国際スポーツイベントの開催はコロナ禍以降、日本では予定されていない。国内市場のみを対象とした場合、RWC2019の実践をそのまま横展開することは困難だが、これまで記載してきた内容を参考にしながらゴールイメージを想定し、それぞれの環境や条件に応じたレベル感で、スポーツホスピタリティ文化が根付いていくことを願っている。

インタビュー

2 日本型スポーツホスピタリティ商品のビジネス課題

株式会社ヒト・コミュニケーションズ・ホールディングス代表取締役社長　安井　豊明

スーパーラグビーに参戦したサンウルブズのスポンサーとして支え、営業支援事業等で躍進を続ける株式会社ヒト・コミュニケーションズ・ホールディングス。スポーツホスピタリティ商品の購入者でもあり、事業者でもある代表取締役社長の安井豊明氏に、スポーツホスピタリティのビジネス課題について伺った。

―RWC2019で本格的にスポーツホスピタリティ商品が日本で販売されましたが、同商品の購入にあたっての動機は何だったのでしょうか。

スポーツホスピタリティ購入のきっかけは、弊社がスポーツビジネスに携わっていることと、ラグビーワールドカップ2015イングランド大会でスポーツホスピタリティ商品を体験したことです。

まず、スポーツビジネスについてですが、弊社でスポーツビジネスの事業を立ち上げたのが6、7年前です。私は学生時代にラグビーをプレーし、人間としてとても成長させてもらいました。そこでスポーツに対してどこかで恩返ししたい、携わりたいという思いをずっと持っていました。

そこで弊社の強みを生かして、スタジアム運営・販売のスタッフ派遣や人材育成等、我々はアウトソーサーの立場として現場をサポートする業務をスタートさせました。そこで色々な方や団体とつながりを持ち、スポーツビジネスの事業を継続できています。

また、ありがたいことに弊社は2011年に上場しました。スポーツビジネスもそうですが、弊社はお客様を喜ばせるという視点で事業を推進してきました。
我々はこの「お客様を喜ばせること」に関しては非常にプライドを持って全力で取り組んでいますし、自負があります。弊社のビジネスの根幹でもあります。「お客様に感動を与える」という意味では、弊社の事業とスポーツは非常に親和性があり、無限の可能性を秘めています。

また、今回の書籍の主題でもあるスポーツホスピタリティはその可能性を非常に広げるものだと感じています。お客様に感動を与えるために、試合内容ではなく、最高のクオリティの空間や飲食、スタッフ等でおもてなしをする、そのようなビジネスモデルを確立できればお客様は必然的に購入されますし、喜んでいただけます。

その可能性を感じて今回、スポーツホスピタリティを購入させてもらいました。

―ラグビーワールドカップ2015イングランド大会のスポーツホスピタリティ商品は、日本で行われているスポーツイベントや試合観戦と何が違ったのでしょうか？

まず、社交の場であること、そして付加価値が高いということです。

見ず知らずの私に多くの人が気さくに声をかけてくれますし、試合終了後には名刺の束ができています（笑）。そこで私は、リラックスしながら商談やビジネスのネットワークを広げていく場であることがよく分かりました。

購入者は試合数時間前からスタジアムの雰囲気と飲食を楽しみながら、コミュニケーションを取る。試合を興奮して楽しんで、試合終了後も飲食を楽しんで帰宅をする。そうなると試合の勝ち負けが重要ではなくなります。試合後の帰路に屋台等も出て街全体が盛り上がっており、地域の経済効果も非常に高いと感じました。

改めてビジネスとして考えると、購入者としては必然的に滞在時間が長くなるし、商談や取引相手の接待、さらにネットワークの拡大に役立ちます。そのように総合的に考えると、スポーツホスピタリティの商品価値とコストパフォーマンスは非常に良いことがわかりました。
そして何より皆さんにも体験してほしいですが、一般のスタジアム観戦とは違った感動体験を得ることができます。これは言葉では伝わらないと思いますが、クオリティの高いサービスや地元の特産品やすぐれた料理人による飲食サービス、歴代のレジェンドと言われる選手のトークショー等にはプレミアムな感動体験があります。そうした体験や、ビジネスとしての付加価値の高さがあると必然的に高額であっても継続して購入しようと思います。
そのような経験は日本ではしたことがありませんでしたし、日本でも取り入れれば非常に可能性があると感じました。

―そのような経験を得られたスポーツホスピタリティ商品の購入者として、さらにはビジネスとしても携わったラグビーワールドカップ2019日本大会にはどのような印象をお持ちですか？

日本でもスポーツホスピタリティの価値が少しずつ浸透したのではないかと感じています。私も売れないのではないかと冷や冷やしましたが、蓋を開けてみると非常に好調だったようです。日本企業の方も多く購入されていました。私も購入者として多くの方々をお招きしたり、交友をしました。皆さん、非常に好評でしたし、感動されていました。日本でもプロリーグやトップリーグでこのような商品の展開や拡大が必要だと思われます。
そのためには、課題もまだまだあると思います。厳しい見方をすれば欧米豪のスポーツホスピタリティのクオリティにはまだ達していないと感じました。

―日本での課題はどのようなところにあるのでしょうか？

スポーツホスピタリティ商品の定義をしっかりとすることだと思います。ラグビーワールドカップ2019

によって日本でもスポーツホスピタリティという言葉が認知されるようになりました。

ただ、日本ではその定義が曖昧な気がします。日本でも新設のスタジアム等にＶＩＰ席ができていますが、例えば飲食がファストフードや冷凍食品を提供するだけだとお客様は感動を得ることができません。購入者も社交の場だと自覚して服装をビジネスカジュアルにする等の意識が必要です。

ゆえに主催者側と購入者側、どちらともサービス、飲食、スタッフ等の定義をしっかりと定めて商品展開することが必要です。その精度を高めるためには何度も実体験や実施を繰り返してもらうことが一番なのですが、東京オリンピック２０２０が無観客となり、機会損失してしまったことはスポーツビジネス界にとって打撃ですね。


——今後、日本で普及していくためにはどのようなことがキーポイントになっていくでしょうか？


日本ではＢtoＢのビジネスが主となるのではないでしょうか。

いわゆる企業での社交や接待の場として拡大していくこと。そのためには営業・販売チャネルを多く持っておくことが重要です。これはリーグやクラブ単位だけではなかなか上手くいかないと思うので、ＳＴＨさんや弊社等専門の会社と連携していくことがキーポイントになると思います。

だからこそ繰り返しになりますが、スポーツホスピタリティ商品の定義が必要になってきます。定義をしっかりすれば付加価値が高い商品になります。そうなると、リーグ・クラブのスポンサーやファンクラブのコアファンの方々に対し、お金を出す価値の「見える化」ができます。今のスポーツビジネスは資金を出してもらうだけで、スポンサー等へのアフターフォローが不足しています。

弊社もプロクラブさんのファンクラブ運営のお手伝いをしていますが、継続してファンクラブを継続してもらうことは難しいです。プロクラブの重要な顧客でもあるスポンサーやコアファンを継続させるためにもホスピタリティ等のアフターフォロー商材等の連携が重要になってくると考えます。

―最後に、今後のスポーツホスピタリティ商品への期待と展開についてお聞きしたいと思います。

やはり日本型にカスタマイズする必要があります。欧米豪の全てを真似しても意味がないですし、国民性もあると思います。良い部分を吸収して、しっかりと定義を一定のクオリティは担保する。

それをした上で、少しハイエンドに行き過ぎているイメージをもう少しカジュアルなものにする、または場所や地域に合わせてカスタマイズを行っていく必要があると思います。これは価格の面も含めてですが。

スポーツホスピタリティ商品には、老若男女すべての人たちが感動を体験できる強みがあると思います。今後、銀座や六本木で接待するのではなく、健全な社交の場として、ジェンダーやボーダーフリーで多世代の人たちが交流する場を提供できます。

弊社としては、お客様に喜んでもらうというビジネスの根幹を大切にしながら、日本型のスポーツホスピタリティを確立するために微力ながら尽力したいと考えています。

Profile

１９６５年生まれ。大分県出身。福岡大学卒。学生時代はラガーとして活躍。大分舞鶴高校時代には全国高校ラグビー（花園）に出場。１９８８年４月株式会社富士銀行（現株式会社みずほフィナンシャルグループ）入行し、その後株式会社ビックカメラを経て２００４年９月株式会社ヒト・コミュニケーションズ代表取締役社長（現任）就任。２０１９年11月より株式会社ヒト・コミュニケーションズ・ホールディングス代表取締役社長グループＣＥＯ（現任）。

第3章

東京2020オリンピックからみた今後のスポーツホスピタリティ商品の課題と展望

この章では、RWC2019と東京2020オリンピックに関して、組織、商品、購入者というトピックを実務者の立場から比較し、今後の課題と展望について述べる。

1 RWC2019と東京2020オリンピックの比較

■組織の比較

スポーツホスピタリティ商品事業の立て付けには様々なタイプがある。2019年、2020年(2021年に延期)、と2つの最大級の国際スポーツイベントにおいても一見同じようなスキームに見えるが、その差は大きい。整理のためここで説明する。

まずRWC2019の場合はSTHグループ社が運営・販売する商品であり、主催者であるRWCL(ラグビーワールドカップリミテッド)に権利金を支払う代わりに運営権を取得し、能動的にビジネス

表3－1　両組織委員会比較

	RWC 2019	東京2020オリンピック
設立年月	2010年10月	2014年1月
解散年月	2020年3月	2022年6月
組織体制	公益財団法人	公益財団法人
最大スタッフ数	350人	7,000人
大会収入	677億円	6,404億円
うちチケット収入	389億円	4億円
スポーツホスピタリティ商品運営主体者	STH Japan	組織委員会

出典：RWC 2019／東京2020オリンピック公開資料を元に筆者作成。

活動を行うものである。ＲＷＣＬから日本ラグビー協会を経て実質のＲＷＣ２０１９の運営を委託されていたＲＷＣ２０１９組織委員会とは直接的に明確な上下関係はなく、一部観戦チケットのやり取りや、組織委員会メンバーのホスピタリティ商品需要の情報交換等で関連性があったにとどまる。

一方東京２０２０オリンピックのケースの場合は、スポーツホスピタリティ商品（商品としての呼称は「公式ホスピタリティパッケージ」）はあくまでも組織委員会の商材で観戦チケットの一種であるという捉え方である。購入者との契約を含めて最終判断者は組織委員会であり、ＲＷＣ２０１９の場合のＷＲやＲＷＣＬに相当するＩＯＣをはじめ各ＩＦ、ＮＦはスペースの調整段階では情報交換をするものの同商品については一切関知していない。このためＳＴＨグループ社もしくはＳＴＨＪ社の名称は一切公開されることはなく、組織委員会のバックアップ組織として活動を行っていた。つまり実務内容はほぼＲＷＣ２０１９時と同様だが、基本的に組織委員会側の管理下に置かれており、情報交換（事情説明）しながら事業活動していたというのが、全体的な流れである。

詳細は他の研究に譲るとして、まずはスポーツホスピタリティ商品に関する項目について比較する。スポーツホスピタリティ商品に関する検討が始まったのは、ＲＷＣ２０１９が２０１７年２月ごろ（ＳＴＨＪ社設立）から、そして東京２０２０オリンピックが２０１９年春ごろからなので、設立から開催までの月数から逆算するとＲＷＣ２０１９が約30か月、東京２０２０オリンピックが15か月というタイムラインの中で準備が進んでいったといえよう。ＲＷＣ２０１９に比べかなり準備期間が短いのは以下の理由によるものと推察される。

1．ＲＷＣ２０１９の場合はスポーツホスピタリティ商品展開が前提として存在していたが、東京２０２０オリンピック場合は、そもそも実施するかどうかの検討からのスタートであった
2．競技や会場が多岐にわたり、実施対象についての議論にも時間がかかった
3．関連するＦＡ（Function Area：部門）が多く、調整に時間が必要であった
4．日本の開催イベント過去事例としてはＲＷＣ２０１９の実例しかなく、ＲＷＣ２０１９の状況に鑑みながらの本格的な協議となった
5．他のＦＡではスポーツホスピタリティ商品そのものに対する認識が不足しており、多面的な協力同意を得られるまで時間を要した

表３－１の通り、最大時のスタッフはＲＷＣ２０１９の２倍に要員をかかえ部門数も多かった。東京都の行政プロセスを基本とした組織的な業務遂行にはＲＷＣ２０１９に比べると確実性にウェイトがおかれやや機動性を欠くこととなったが、日本の公的組織ではやむを得ない事象だったかもしれない。

無観客[1]となったため結果的にチケット収入については大きな差がついているが、RWC2019時を上回るスポーツホスピタリティ商品の売り上げが期待されており、基本的にその運営や販売自体は東京2020オリンピック組織委員会が担うこととなった。マーケティング局チケッティング部がその担当である。その部の中にスポーツホスピタリティ商品を担うチームが形成され会場内「公式ホスピタリティパッケージ[2]」として観戦チケットの一つの種類として公開されていく。しかしながら当該チームだけでは人材やノウハウ面で不足があるため、当事業の一部を民間事業者に委託することになり、正式な手続きを踏んだ結果、STHJ社がその委託先となった。

STHJ社側からみるとRWC2019とほぼ同様の業務内容であるものの、東京2020オリンピックでの公式ホスピタリティパッケージはあくまでも東京2020オリンピック組織委員会の商品であるため、当然のことながらSTHJの社名は公開されず、いわゆるホワイトレベル（White label）のポジションである（この役割は欧米ではしばしば確認される）。ロゴ仕様や取扱いのPR等は一切できないが、世界ナンバーワンのスポーツ競技大会におけるスポーツホスピタリティ商品の取り扱いは、その後の社員モチベーションやロイヤリティ向上、そしてノウハウ蓄積には大いにプラスとなっていった。

■スポーツホスピタリティ商品運営からみた東京2020組織委員会

基本的な組織構築プロセスや組織内容については、過去大会のそれと大きく異なる点は殆どないように見受けられるが、細かく観察していく。

チケッティング含めてマーケティングの観点から述べると同組織委員会の構成はこれまでにない「日本大会独特」の部分がいくつか存在したと思われる。

① ローカルスポンサーカテゴリールール改訂とその影響

１９８４年のロサンゼルス大会からいわゆる商業化が始まりスポンサーによる財務サポートを受けてきているが、従来ルールであるひとつの業種カテゴリーに対しひとつの企業という規定が取り払われ、同じ業界で複数の企業がスポンサーとなった。その背景の詳細は不明だが、まずベースとなるオリンピックのスポンサーシップの意義やこれまでの経過経緯を十分に理解していた企業（の担当者）がさほど多くなく、排他的スポンサーシップの価値の認識が希薄だったこと、横並び主義を重んじる商習慣があったこと、そして組織委員会に支払われるスポンサーショップ料負担が一社当たりは軽減されること、などが想像される。

（1）　無観客＝実際は首都圏以外の開催会場では有観客のケースもあったが、便宜上無観客という表現を用いている。

（2）　会場内「公式ホスピタリティパッケージ」＝オリンピックの場合は、呼称を含めたマーケティング権利が厳しく制限されているのは周知のとおりである。東京２０２０オリンピックのケースでは一般的に誰でも入手できる公式ホスピタリティパッケージについては競技会場内にサービスエリアを設置することがベースとなっている。つまり会場外でスポンサー等が自社（自組織）独自のホスピタリティサービスを展開することを妨げないように In Venue Hospitality（ＩＶＨ）という枠組みのなかで公式ホスピタリティパッケージが展開された。

表3－2　TYO2020スポンサー数

ワールドワイドスポンサー	14社
ゴールドスポンサー（ティア1）	15社
オフィシャルパートナー（ティア2）	32社
オフィシャルサポーター（ティア3）	20社
合　計	81社

（同一業種複数会社の事例　社名略称掲載）
銀行：みずほ、三井住友
旅行：近畿日本ツーリスト、JTB、東武トップツアーズ
セキュリティ：セコム、ALSOC
鉄道：JR東日本、東京メトロ
航空：全日空、日本航空
印刷：大日本印刷、凸版印刷
新聞社：読売、朝日、毎日、日経、北海道、産経
出典：東京2020オリンピック公開資料を元に筆者作成。

②東京2020オリンピックスポンサー数の状況

国内ティア1カテゴリーにおいてはロンドンオリンピック、東京オリンピックそれぞれ7社、15社であるが各社の業績売上額合計はほぼ同額である。ティア2カテゴリーになるとその差は歴然で2012年のロンドン大会の7社に対して32社であり（表3－2）、各社の業績である年間の売上の合計が約3倍となっている。

こうした独自のシステムがスポーツホスピタリティ商品にどのような影響があったか、以下に検証する。

(あ)スポンサー権利に包含される観戦チケット数の1社当たりの数の減少

スポンサーの数が多くなったが、当然のことながらオリンピック全体のトータルの観戦席数がその分増えている訳ではないので、1社あたりの観戦チケット優先入手権利における総数は減った。このため公式ホスピタリティパッケージを含めて通常プロセスで観戦チケットを追加購入する需要が増え、必然的

にスポーツホスピタリティ商品への関心度も高まった。ただ少なくないスポンサー料を支払った企業側からみると優先入手枚数が減ってしまい、不満の声もあったとも聞く。

(い) 出向者間のコミュニケーション

組織委員会の経費負担を軽減するため、各部署ではスポンサーからの無償有償にかぎらず多くの出向者を迎え入れることになった。出向元では殆ど大型国際イベント経験のないスタッフによる業務推進をカバーすることもふまえ、ピンポイントで海外からの経験者や日本国内で一般的に応募のあった経験者を確保しながら運営を図っていた。課題は同じチームに同業他社からの出向者がいる場合である。一時的とはいえ、ライバル会社とチームを組む場合はそれぞれの立場上コミュニケーションに気をつかうシーンもあり、通常の意思疎通に支障が発生するケースが推察できる。

(う) 同業者間の優先付け

実際に発生しているか不明だが、同業スポンサー企業間でマーケティング権利等のバッティングが発生した場合の、ジャッジプロセスが明確化していなかったと思われる。例えば入手困難な開会式公式ホスピタリティパッケージを同時に同業複数社から申込が行われた場合の優先順位等の対応は組織委員会側に任せざるを得なかった。

③海外とのコミュニケーション

基本的に折衝はすべて日本語で行われた。ＩＯＣコンサルタントが同席する場合は原則ＳＴＨＪ社側が通訳を用意し、会議議事なども日本語を優先させた。事業者選定条件に日本語のコミュニケーションが必須となってはいるものの、公式ホスピタリティパッケージ担当部署にビジネス英語ができるスタッフ層が希薄だったため、デイリー業務に双方負荷がかかることになった。大型国際イベント業務推進の効率化を図るならば、やはり語学は欠かせない要素と思われる。

④組織委員会内スポーツホスピタリティ商品そのものの理解度

事業者選定が終了し組織委員会側の担当組織も徐々に構築されていたが、当然のことながら当初は、スポーツホスピタリティ商品経験者は皆無であった。このため、計画始動時に全体設計ゴールイメージが把握できておらず、組織委員会内での他の部門（ＦＡ）との折衝がやや後手に回っていた感はある。また、後述の通り、従来の会場内ではホスピタリティスペースが確保されていないケースが多く、仮設を設置する場合に必要な建築申請のタイミングや、仮設設置用建材の保管場所等が配慮されておらず、改めての折衝が必要となったケースもあるため、その場合はスケジューリングの引き直しから作業を始めた。また会場内スペースにおいても運営に必要な（特にバックヤード）空調や電源等がなく、「場所提示」に留まるケースが多かったため、こちらも実施にあたっての必要条件等を相互に再確認しながら作業を進めることとなった。

ＳＴＨＪ社が取り扱っていたＲＷＣ２０１９ホスピタリティ空間や運営の視察に参加し、理解度を深めるとともに、まさにホスピタリティの目的であるスポーツ観戦しながらお互いにコミュニケーションを図り団結を深めていった。

⑤オリンピック専門家のコロナ禍による来日遅れ

通常は大会約1年前ごろからいわゆる「オリンピック専門家」とよばれる海外のスペシャリストが開催都市に集結し、過去大会のノウハウを活用しながら組織委員会と連携し、運営を手掛けるのが通常であるが、東京2020オリンピックにおいてはコロナ禍の影響で日本への渡航が制限された面も運営上影響があったものと推察する。大会開催直前になってから、こうしたスペシャリストたちの活用が始まったために、それまでコミュニケーション面を含め現場では様々な業務に負荷がかかったと思われる。

以上のようにスポーツホスピタリティ商品運営面からの特色があったが、大会ごとに多かれ少なかれ開催国のスポーツ文化を反映させるような特殊性は存在すると思われる。東京2020オリンピックの場合は、第2章でも言及したが、これまでの国内スポーツ大会においては、競技のつつがない進行、予定通り計画通りの運営に重点をおき、観戦者目線や経済的・社会的効果からのスコープが不足していた文化をそのまま反映させた内容にとどまった点は否定できない。現に東京2020オリンピックの評価は「コロナ禍でのオリンピックの成功」という表現となっている。特に無観客となったため、多くの国民はテレビやモニター画面を通じた感動体験にとどまってしまい、残念ながら現場の

表3－3　設定商品例

ランク	場所	体験コンセプト	陸上競技での販売額事例
プラチナパビリオン	オリンピックスタジアム特設会場	最高のホスピタリティ体験。オリンピックスタジアムのセキュリティゾーン内に位置する	一人当たり￥425,000より
ダイヤモンド	特設会場（5会場）	5つの会場に設置され日本食やインターナショナル料理を満喫できる上質なホスピタリティ	設定なし
プライベートスイート	観戦スタンド	VIP ルームまたはセミプライベートルームを活用したホスピタリティの提供	設定なし
ゴールド	プライベートルーム	カジュアルなホスピタリティの中にプレミアムなテイストが感じられるラウンジスペース	一人当たり￥180,000より
シルバー	コンコースまたはプライベートルーム	リラックスした空間で軽食を提供するスペース	設定なし

出典：東京2020オリンピック公開資料を元に筆者作成。

空気間や「その場にいた」価値感の共有は全く拡散できなかった。RWC2019で門戸を開き始めていた、これまで一部の先駆者を除き日本が気づいてこなかったスポーツにおける経済的・社会的価値の拡散が世界最大の総合型スポーツイベントで実現できなかった点は、今後のスポーツ政策上や我々のようなスポーツ周辺産業をになう立場からは極めて貴重な機会の損失だったと思われる。日本においては成功事例や過去実績が評価される傾向にあるため、将来の同様の組織委員会の設置においてはこれまで述べてきた東京2020オリンピックの特殊性を配慮の上、検討されるべきと考える。

■東京2020オリンピック公式ホスピタリティパッケージの検証

結果的に当初販売された商品の代表例は**表3－3**の通りである。基本的にはSTHJ社と組

表3－4　競技場と実施タイプ

	会場	競技	実施タイプ
1	オリンピックスタジアム	開閉会式・陸上競技・サッカー	A
2	アクアティクスセンター	水泳	A
3	横浜スタジアム	野球	B
4	さいたまスーパーアリーナ	バスケットボール	C
5	馬事公苑	馬術	B
6	埼玉スタジアム2002	サッカー	B
7	横浜国際総合競技場	サッカー	B
8	霞が関カンツリー倶楽部	ゴルフ	A
9	有明体操競技場	体操	C
10	日本武道館	柔道・空手	D
11	東京スタジアム	ラグビー	B
12	東京体育館	卓球	D
13	幕張メッセAホール	テコンドー、レスリング	C
14	有明テニスの森	テニス	C

出典：筆者作成。

織委員会側と商品構成の議論を行い、双方でそれを精査・検証し進めていった。

オリンピックは単一スポーツ大会とは対照的な総合スポーツ大会であり、複数の競技が同時並行的に複数の場所で行われる。また日程によっては異競技が同一会場で行われることになる。これを東京2020オリンピックにおけるスポーツホスピタリティ商品運営の目線から再分析していきたいと思う。

まずは以下の競技場と実施タイプを参照いただきたい（表3－4）。

実施タイプA：競技会場そばに仮設を設置（ゴルフについては屋外スポーツのため「会場内設置」）

・オリンピックスタジアム（開閉会式、陸上競技、サッカー決勝）
・アクアティクスセンター（競泳）
・霞が関カンツリー倶楽部（ゴルフ）

ＲＷＣ２０１９時の横浜での仮設同様に飲食に代表されるような最上級の付加価値が提供できるパッケージが開発された。内部キッチンや専用トイレなど基本的に充分なエクスクルーシブ感を醸成でき、競技の人気度とともに相当な需要の手ごたえがあった。特に開会式のニーズが極めて高く、発売と同時にほぼ売り切れとなった。

実施タイプＢ：競技会場のホスピタリティ既存空間を利用（馬事公苑においては新設建造物内にホスピタリティ空間が設計された）

・横浜スタジアム（決勝を含む野球）
・埼玉スタジアム２００２（サッカー）
・横浜国際総合競技場（サッカー）
・東京スタジアム（ラグビー）
・馬事公苑（馬術）

ＶＩＰルームを利用できる場合は、法人中心に基本的にグループ単位で販売することになった。

キッチンが利用できない場合はケータリング等を活用し、付加価値を高めた。

実施タイプC：競技会場内の別空間を活用してホスピタリティ空間を設置

・東京体育館（体操）
・さいたまスーパーアリーナ（バスケットボール）
・幕張メッセAホール（テコンドー、レスリング）
・有明テニスの森（テニス）

通常のホスピタリティ空間でないため、様々な制約があったが、ひとつずつ丁寧に解決を試み充分満足度の高いスペースを準備した。

実施タイプD：競技会場内の別空間を活用する予定であったが、条件が整わずオフサイトホスピタリティ会場を設定

・東京体育館（卓球）
・日本武道館（柔道、空手）

In Venue Hospitality（会場内ホスピタリティ）の中で、諸般の理由により例外的に会場内でのサービス提供が困難だったため、別会場にてホスピタリティサービス提供を予定した。

その他一部競技で、諸条件が整わず公式ホスピタリティパッケージそのものの販売が中止になったものもあれば、公式ホスピタリティパッケージではなくスポンサー用のホスピタリティ用として展開された競技会場も存在した。

これまで見てきた通り、会場内もしくは近隣に常設でホスピタリティ用の空間がない、もしくは不足している点は東京2020オリンピックでも例外ではなかったが、国際競技大会においては商品需要に大きな影響をあたえるグローカルな視点からスポーツコンテンツの魅力度について、触れてみたい。

日本での「みる」人気スポーツといえば野球、サッカーが双璧である。そして近年では、バスケットボールや卓球、水泳、バドミントン、バレーボール等の他古来の身体運動ともいえる相撲や柔道だろう。従来から「升席」という準ホスピタリティ商品を有する相撲はオリンピック競技ではないが、こうした競技の最高峰の試合の場合は、当然のことながら観戦チケットも入手困難が予想され、また法人需要も期待できるため、公式ホスピタリティパッケージ商品の設定は容易に想定できる。東京2020オリンピックでは前述の競技のうちバドミントン、バレーボール以外は商品化されているが、地域面から言うと首都圏以外では会場設備の検証前提を除けば、例えば復興五輪の象徴である福島あずま球場での野球の開幕戦や、メダルの期待がかかる人気選手が出場した札幌でのマラソン競技は検討の対象となるべきだったかもしれない。

一方今回は検討、設置等が行われていないが、欧米では人気種目である「水球」「ボート」「セーリング」「自転車ロードレース」についても将来を見据えた中では、その必要性が議論されるべきだと思われる。

移動を伴う自転車ロードレースやセーリングについては、感動シーンそのものの演出が難しい面もあるが、ツール・ド・フランス等の伝統的なレースでは出発・到着地点のホスピタリティスペースの充実化の他、移動時もヘリコプターや追跡自動車によるレースそのものの感動の追体験を演出するなどの工夫がみられるので、今後の参考としたい。

■東京2020オリンピック公式ホスピタリティパッケージ運営

事業者決定前のステータスについては把握できていないが、これまで見てきた通り多くの場合、会場内外で公式ホスピタリティパッケージが運営できそうなスペースの実際の検証から始まった。RWC2019のケース同様、基本的に会場内でホスピタリティ専用に利用されている空間は殆ど存在せず、コンコースや倉庫等もその候補場所として提示されていた。このため既存施設についてはイベントが行われていない合間に検証を行うことができたが、東京2020オリンピックのケースでは新設施設もあり、その場合は平面図のみで対応せざるを得ず、施設竣工後内部見学を行って判断するという綱渡りとならざるを得なかった。一部図面上はスペースがあるものの、食事導線やスタッフ控室等が確保できない場合や食品衛生法等の法的規制で実質運営が困難な事例も発生した。

想定上の理由としては元々グランドデザインを設定する際に、スポーツホスピタリティ商品の存在を念頭にいれた図面はほぼ計画されていなかったと仮定しても過言ではないだろう。それまでの日本のスポーツ施設及びその周辺環境を考慮するとやむを得ない状況だったと思われる。これまで海外での大型スポーツイベントで実務にあたっていた多くのＳＴＨＪ社の外国人スタッフにとっては、提示されたスペースは実際にホスピタリティ空間全体として活用される場所であって、キッチンスペースをはじめとする必要不可欠なバックヤードは別に準備されているものと考えていた。また仮設設置の場合の資材置き場やその資材を運搬するアクセス、他の仮設建設物との建設計画のすり合わせ等も組織委員会側である程度の準備がされており、業者指名後に調整するものと想定されていた傾向にあった。外国人スタッフは当初こうしたやや行き違いの状況に戸惑っていたが、ＲＷＣ２０１９の状況やA社からの出向者の説明等を受けて社内的な落ち着きを取り戻していった。その後様々なハードルを乗り越え、ようやくめどがつき始めた２０２０年3月、Covid-19 いわゆる新型コロナの世界的流行に伴い、オリンピックそのものの実施が21年に延期され、一旦準備は中断することとなる。

一方販売は一般発売前に優先的にスポンサー企業やＩＦ（International Federations）、ＮＦ（National Federations）に打診を行い集約後、メディア発表を含めて19年秋から正式に販売を始めた。開会式を含めて順調に販売を伸ばし続け、ＲＷＣ２０１９での経験に基づくスポーツホスピタリティ商品の優位性の浸透に伴い、特にＢtoＢ市場が伸び続けていった。基本的な販売スキームはＲＷＣと類似しており、基本的に営業スタッフを中心に関係者同士が情報共有しながら法人にアプローチしていった。一方販売ウェブサイトの構築も事前に行われ、特に公式ウェブサイトとリンクさせるため、セキュリティ対策には気を遣うことになった。組織委員会内サイバー対策チームともリリース案件が発生するたびに協議を重ね、ペンテストを繰り返しながら慎重に対応していった。

商品紹介ウェブサイト上では、決算機能を持たせたものの、商品の性格上基本的に営業スタッフと購入側とはコミュニケーションをし、納得のいく形で取引するプロセスをとっている。基本的に世の中全体にＩＴ化が進む中でヒューマンタッチ性を堅持し、画一的でないエクスクルーシブな印象を常に提供する必要があるためでもある。高級ホテルと同様、ある程度以上の人材の活用も必要である一方、そうした人材が自信を持ってコミュニケーションできる商品開発力も合わせて重要視される。

２０２０年年明けから中国武漢から広がったCovid-19感染は瞬く間に世界中に広がり、東京オリンピックにも重大な影響を与えた。20年３月に安倍首相（当時）と小池東京都知事はＩＯＣバッハ会長との臨時会談を行い、１年間の延長となる２０２１年７月開催を決定した。ＳＴＨＪ社は４か月後に迫っていた本番に備え、運営組織を構築し始めていたが、現場配置予定スタッフを中心に一時的に解雇せざるを得なかった。

販売についても一時中止し、改めて商品構成を行うこととなった。

コロナ禍はその後も収まらず、会場内でのアルコール提供の中止にともない、ホスピタリティ空間内設営の急遽の変更と酒類及びソフトドリンク類の仕入内容の改変。そして無観客対応が発表された２０２１年７月８日は開幕わずか16日前で、仮設建設物はほぼ完成しており、あとはお客様の来場を待つだけの現場となっていた。仮設はそのままだとメンテナンス費用がかかるため、一部を除き瞬時に原状回復工事を行い数日で跡形もなく消え去ることとなった。そのためのスタッフの確保や撤収用アクレディテーションの取得等一時は混乱を極めた。また、観客関連ではない資材は予定通りの会場に搬入され続けていたため、現状復帰のためのホスピタリティ用仮設資材の搬出とのバッティングが生じた。ゴルフ場（霞が関ゴルフ倶楽部）などは放送上の「見栄え」の問題が発生するため、終了まで保存するケースもあった。
　このように不可抗力的環境は避けれらず、残念ながらすべての売り上げを返金する状況となったうえ、それまでの人件費を含む準備費用についての組織委員会側からの補填がなかったため、当事業は投資回収が不能となり、以降の投資を伴うスポーツホスピタリティ商品についての積極的な開発にブレーキがかかる状況となったのは、非常に残念であった。しかしながら準備段階におけるノウハウの蓄積や人財の確保においては一定の成果があり、こうしたレガシーの活用で今後の日本におけるスポーツホスピタリティ商品の発展に貢献できればと思う。

Key Point

これまで述べてきた通り、同じ「組織委員会」でもその規模や構成内容については大きく異なるものではあった。しかしながらスポーツホスピタリティ商品の事業モデルは、そのスポーツコンテンツに応じた枠組みが必要であり、これは細かく見るとチーム単位、大会単位で検討する必要性がある。

2 東京２０２０オリンピックからみえる日本型スポーツホスピタリティ商品の将来性

Q これからスポーツホスピタリティ商品を運営するためにはどのような視点が必要か？

■グローバル目線からの国際スポーツイベントの捉え方

東京２０２０オリンピックで計画されたホスピタリティ空間設営面の対応手法は以下の通り整理できる。

1. 仮設

RWC２０１９時の横浜国際総合競技場の設置と同じパターンである。RWC２０１９時に比べて特に都心では準備資材設置スペースの不足が顕著だったうえ、他のオリンピック関連仮設設備との許可申請や建設の優先順等の協議が頻繁に行われた。

2. 既存ホスピタリティ空間

こちらもRWC２０１９時の経験値を元に商品開発を行った。設置においてはもっともストレスなく進捗していったタイプである。

3．会場内別空間

組織委員会側から提示されたスペースが公式ホスピタリティパッケージ運営に必ずしもふさわしい空間でないケースがあり、商品開発との調整が必要であった。主な事例としては以下があげられた。

①キッチンがもともと設置されていないことや調理後の食事の運搬が困難等、スポーツホスピタリティ商品提供スペースとして相応しくない
②スペース内に電源がない、空調がない等スペースそのもののハード設備不足
③一面がガラス張りでかつ西陽が直接当たるなど環境面での相応性不足
④車いすでのアプローチができない（アクセスビリティ不足）
⑤新設の建物内スペースを提示されたが、完成がオリンピック開始直前で、ハード面の最終確認や内装を手掛ける時間がない

この結果やむなくオフサイトホスピタリティ空間を活用した商品に移行したケースもあった。以上のとおり、多岐にわたる会場のコンディションを配慮しつつ、競技特性を生かしながら商品開発に臨んでいった。

■日本開催予定の総合型国際スポーツ大会への提言

RWC2019のように単独競技のスポーツホスピタリティ商品についてはプレーヤーが比較的わ

かりやすく、競技の魅力と会場ファシリティを配慮した需要に応じた設置・運営が容易に想像できるが、これまでみてきた通り東京2020オリンピックのような総合型国際スポーツ大会の場合は、ステークホルダーが多彩でかつ会場が分散型になるため、単独競技大会よりあらかじめ前広に、関係者との調整や意識決定が必要だろう。各組織委員会の意向にもよるが、加えてIFやNFとの調整を含めてスポーツホスピタリティ商品の事業体制等を協議の場を早めに想定することも肝要と想定する。

1．第20回アジア大会競技大会（愛知・名古屋アジア競技大会2026）

過去大会におけるスポーツホスピタリティ商品の実施は記録に残っていない。2018年インドネシア／ジャカルタ・パレンバン大会ではインターネット上では簡単な紹介バナーが設置されていたが、実施された形跡はない。しかしながら今後のアジアの経済発展の期待や、特に中東マネーの活用は視野に入れるべきである。日本や中国・韓国といった一部のオリンピックメダル獲得国は別として、オリンピック放映も行われていないオリンピック活躍選手非輩出国では、その関心度は必ずしも高くない。逆に東南アジア競技大会（SEA GAMES）の方がメダリストの期待が持て、身近な国際スポーツ大会として人気となっているケースもある。スポーツを通じたアジア地区との経済的結びつき強化をめざす日本の企業や経済界にとってもスポーツホスピタリティ商品への投資も想定される。肝心なのは前述の通り国や地域ごとに（日本ではなじみはないが）魅力的な競技が異なるためにそのマーケット調査は事前に行われるべきだろう。

例：クリケット、スカッシュ→インド、パキスタン、スリランカ、アフガニスタン等

セパタクロー↓タイ、マレーシア、ベトナム等

2．ワールドマスターズゲームズ関西2027

ゴールデンスポーツイヤーズの最終年を飾る予定であった〝する〟スポーツの国際競技大会。2027年に延期が発表されたが、まだ〝する〟スポーツのスポーツホスピタリティ商品については、日本はもとより欧米でも事例は多くない（次節参照）。しかしながら、来日する海外選手はある程度の資金力が推察され、加えて同行家族や友人などを対象としたホスピタリティビジネスのフィージビリティチェックは価値があると想定する。

3．2030北海道・札幌オリンピック・パラリンピック冬季競技大会

まだ立候補も正式確定していない段階ではあるが、仮に誘致が決定した場合のスポーツホスピタリティ商品造成の視点から見解を述べよう。冬季大会においては過去に事例はなく、2026年に開催のミラノ・コルティナ大会から開始される予定である。2030年はその直後大会になるため、その結果を精査した時点で取り組みについての可否を検討すべきだろう。冬季大会においては、特にアウトドア（ジャンプやアルペンスキー、クロスカントリー等）で行われる競技も少なくなく、現状、観客はその寒さに耐えながら応援しているのである。スペースがあれば仮設を設置し、快適な空間でトップレベルの競技の堪能と冬ならではのグルメとお酒を楽しむことができるかもしれない。またインドア競技に目をむけるとフィギュアスケートやスピードスケート等で日本選手の活躍が期待できるうえ、各

国が注目するアイスホッケーなどコンテンツの魅力には事欠かない。

こうしたウィンタースポーツ単独競技の世界大会も日本各地で行われており、オリンピックでの導入により、各大会でスポーツホスピタリティ商品が展開できれば、スポーツツーリストや関連企業の誘因による地元経済への貢献が期待できる。

■スポーツコンテンツホルダーへの提言

以上のような総合型のスポーツイベントは今後のスポーツ界にとって重要であり、様々なことを考えなければならない。それに加えて、東京２０２０オリンピックレガシーや経験を最も受け継ぐことができ、今後のスポーツ産業の大きな発展に欠かせないのが、主体者である国内の主要なプロ・トップスポーツリーグをはじめとしたスポーツコンテンツホルダーである。それらの将来的な提言について述べる。

まず、プロ野球だが、現状殆どの球場でスポーツホスピタリティ商品を開発・販売できる下地があり、現に高額パッケージを販売しているチームも存在する。プロ野球の場合は試合数が多く、試合そのもののコンテンツ価値が変化する。開幕戦のバリューはどの球団でも同じだが、首位争いをする球団や人気選手（特に投手）を保有する球団は、タイミングや時期毎にスーパーバリューコンテンツとなりうる。現在各球団とも企画シートやバラエティシートといったスポーツホスピタリティ商品の外側にある大幅な収益性を伴わないもののある程度の付加価値商品のラインナップを拡充しているが、BtoBを中心としたコミュニケーション手段を目的とした商材については、一部を除いて今後の検討課題となっている。

次にJリーグは、プロ野球と異なりスタジアムと一体化した取り組みの中で、スポーツホスピタリティ商品が顕在化しているのはまだごく一部の人気チームしかない。年間を通じての試合数もさほど多くなく（20試合程度?）、購入者側からは商品価値が見えにくい部分がある。

3つめにBリーグは試合数がプロ野球について多く、天候に左右されないアリーナでの開催など、安定した観戦機会を提供できるスポーツコンテンツである。現在多くのチームが自治体所有のいわゆる体育館タイプの会場でプレーしているため、仙台や沖縄などのごく一部を除き支障なくスポーツホスピタリティ商品が提供できる環境にあるチームは少ないといえよう。26年度からのフォーマット改正に伴う、ホスピタリティ席の確保が上位カテゴリーチームの条件となっているが、今後はアリーナの改装、改築あるいは新築時において、どのようなタイプの空間が設定されるのかが楽しみでもある。

次にラグビーのリーグワンはRWC2019時の実績で示した通り、BtoB、BtoCともにかなりの需要が潜在化していると想定している。しかしながら、やはりスタジアム内で環境が整っている箇所はほんの一握りであり、かつチームの運営サイドもそういった商材を開発するリソースがまだ不足している。典型的な事例としては次章で詳細を述べる静岡ブルーレヴズのケースであるが、地元に体験価値を提供できる素材（ホテルや料亭等）が存在しない場合は、やはりスタジアム改革の際にしっかりとグランドデザインを描く必要があるだろう。

最後にプロゴルフトーナメントにおけるスポーツホスピタリティ商品であるが、欧米豪では、野外スポーツ観戦のため、風雨や気温に左右されない「あって当たり前」の商材である。ただし、日本ではそもそものトーナメントの成り立ちを含め欧米豪先進事例とはコンテンツ構成が異なるため、商品開発が難しい状況である。また地形的に日本のゴルフ場は隣接ホールが迫っており、仮設を設置するスペース不足という面も存在する。さらに仮設費用が高額で、ビジネスとして成り立たない場合もありうる。詳細は今後の研究に譲りたいと思うが、東京２０２０オリンピックではゴルフ会場において本格的なホスピタリティハウスを設置した経験を礎に、スポーツ社交界の象徴ともいえる今後のプロゴルフトーナメントでの活用を期待したいと思う。

繰り返しとなるが、これまでのスポーツ会場は観客目線が不足しており、その延長線上でスポーツホスピタリティ商品開発がほとんど手を付けられていない状態であることは否めない。スポーツの持つ価値を最大化するための一つの手段としてこのスポーツホスピタリティ商品が正しく認識され、多くの困難へのチャレンジャー精神を持つ人財の出現に期待したい。

3 海外スポーツホスピタリティ商品との比較

Q 国内と海外のスポーツホスピタリティ商品は何が違うのか？

■海外の大型スポーツイベント

これまで見てきた通り、スポーツのビジネス化に大きく出遅れた日本ではようやく２０１９年にスポーツホスピタリティ商品がいわゆる外圧によって展開された形となっている。今後の日本における同商品のありかたについては次章で触れていきたいと思うが、欧米豪の歴史的・文化的背景にある貴族社会、階層社会においてスポーツ観戦をコアとしたこのような高額付加価値商品の展開は容易に想像できる。

２０２２年8月発行の"Global Sports Hospitality Market - Forecasts from 2022 to 2027"レポートサマリーによると２０２０年の全世界のスポーツホスピタリティマーケットはおよそ47・5億ドル（日本円換算で６１７５億円（1ドル＝１３０円換算））に及び、同レポートでは２０２７年にはその規模が２００億ドル（凡そ2兆６０００億円）に達すると想定している。またコロナ禍が終了したすぐあとはヒューマンタッチのリレーション作りがより重視されるようになり、その可能性は極めて期待できるとの記載がある。特に中東を含めアジア太平洋地区でのスポーツホスピタリティ事業の活性化に期待が大きいとのことである。

それでは、こうした数値や将来の可能性を含めてＲＷＣ２０１９、東京２０２０オリンピック以外の欧米豪のいくつかの事例をみてみよう。

1．ＦＩＦＡワールドカップ

ＦＩＦＡワールドカップにおいてはMATCH Hospitality社が独占的にスポーツホスピタリティ商品造成を行ってきている。販売チャネルについては大会ごとに各国において公式販売代理店を指定している。

2022年FIFAワールドカップカタール大会でのホスピタリティ商品は以下の5つ。[3]

・パールラウンジ：設定は決勝が行われるLusailスタジアムのみだが今大会の最高級ホスピタリティとして、好ロケーションのホスピタリティ空間で6コース料理を堪能できる

・MATCHプライベートスイート：各会場での個室タイプのVIPスイートを利用したホスピタリティ空間。5コース料理のおもてなし

・MATCHビジネススイート：スタジアム内ファンクションルームでのホスピタリティ空間を創出。カテゴリー1のチケットと4コース料理が提供される

・MATCHパビリオン：スタジアムに隣接された特設会場における3コース料理を堪能できるプラン

・MATCHクラブ：最もカジュアルなカテゴリー。スタジアムに隣接された特設会場でドリンク・フードステーションでのサービスがある

企画運営、販売はMATCH Hospitality社がFIFAと契約、日本では「ジャパン・スポーツ・ホスピタリティ株式会社」がその公式代理店として唯一販売を行う。代表取締役の望月氏にカタール大会実施前の2022年8月に話を聞いた。

「カタールというユニークなディスティネーションということもあり、需要は堅調である。今大会

(3) ホスピタリティの空間定義は用語対照表に依らず該当資料内容そのもので記載した。

ではＢtoＢに加え、若手経営者の集まり等ＢtoＣに近い富裕層マーケットが活発。一般的にこうした商材を詳しく、一般チケットの違い等を説明できる人材が日本には不足しており、日本のマーケットへの浸透に時間がかかっている。今後もスポーツホスピタリティの認知を広め、この特別な体験を多くの方々に、様々な用途で活用いただけるよう取り組んでいきたい」との意気込みであった。

2．夏季／冬季オリンピック

今後の２０２４年パリ夏季大会、２０２６年ミラノ・コルティナ冬季大会、２０２８年ロサンゼルス夏季大会の連続する3大会においては、On location 社がスポーツホスピタリティ商品の指定業者となっている。ＩＯＣがこのような仕組みを導入するのは初めてで、オリンピックにおけるスポーツホスピタリティ商品の本格的な各大会における意義が向上しつつあることに他ならない。また On location 社はテニスやゴルフ、アイススケート等のスポーツコンテンツの運営に力を入れているアメリカＩＭＧ社とともに Endevor 社の子会社となっている。このように国をまたがる大規模スポーツイベントにおいては、資金力のある国際多岐なスポーツホスピタリティ会社が運営を任されるケースが増加するものと推察される。

■イギリス本土におけるスポーツホスピタリティ商品運営会社事例

ここでは、実際の海外事例としてイギリス本土の具体的な事業会社をピックアップしてみたい。ＳＴＨグループ社以外のイギリス本土における主なスポーツホスピタリティ商品運営会社には、次のようなものがある。

・Keith Prowse
・Events International
・The Hospitality Group
・DTB Sports Hospitality & Event Management

スポーツホスピタリティ商品先進国のイギリスではあるが、いずれも大企業ではない。上記の最大規模であるKeith Prowse社は通年型スポーツホスピタリティ商品を主に取り扱っており、年間約35億円程度の売上があると想定されている。またEvents International社においては従業員11名で売上額が約16億円と1人当たりの売り上げが1億円を超えている。

The Hospitality GroupとDTB Sports Hospitality & Event Management社はいずれも数億円規模の取扱いだが、両社ともチケットブローカーとしての本業があり、そこからの派生事業展開と思われる。

スポーツホスピタリティ運営会社に任さずチームやリーグが内製化するケースもあるため、こうした専門会社の取扱いが全てではないにしろ、毎年開催の全英オープンゴルフやウィンブルドン等の国際イベントを含めるとイギリス全土の推定需要は日本円で２００億円程度と思われる。イギリスと日本の名目ＧＤＰ比を換算すると日本では３５０億円程度となり、第1章での３２５億円との整合性が成り立つものと推察する。

■欧米豪のスポーツホスピタリティ施設事例

実際に筆者が足を運んだいくつかの欧米豪の事例をみてみたい。ハード面の記述が基本となっているが、今後の日本における新たなスタジアム＆アリーナについての一助となれば幸いである。

(1) オーストラリア

▼シドニー：スタジアム オーストラリア

２０００年シドニーオリンピックのメイン会場。その後座席数を減らし、地元のラグビーチームのホストスタジアムとして活用。国際試合も多く行われている（図３－１）。

図３－１　地元住民に対してのメンバーシップラウンジといった特殊な空間を保有する

筆者撮影。

▼シドニークリケットグラウンド

近年メインスタンドを改修し近代的なホスピタリティ施設を設置。ビール醸造施設やメンバーシップのみの従来の雰囲気を伝える旧ホスピタリティスペースが保持されたユニークなスタジアムである（図３－２）。

(2) ニュージーランド

▼クライストチャーチオレンジテオリースタジアム

訪問時はクライストチャーチ大地震の影響でスタジアム自体が仮設の状態であった。

図3－2　ビール醸造施設を併設するホスピタリティ空間

筆者撮影。

図3－3　ニュージーランドのような経済規模でもスポーツホスピタリティ空間が演出される

筆者撮影。

ホスピタリティ空間は隣接する競馬場のメインビルディングに中に設置されていた（図3－3、右図は会場から競馬場を見下ろした写真）。

▼ザ・ヒルズゴルフクラブ（ニュージーランドオープンゴルフ）

シンプルな仮設建設物の中で、カジュアルな飲食が提供されていた。数少ないニュージーランドでのゴルフの国際トーナメントであるが、最寄りの都市であるクインズタウンは人口2万人程度。それでも多くのゴルフファンがホスピタリティを楽しんでいた（図3－4）。

図3－4　ゴルフ場における典型的なホスピタリティ空間
筆者撮影。

(3) 北　米

▼ニューヨークヤンキーススタジアム
ニューヨークを代表するボールパーク。ホスピタリティとひとくくりで表現してよいかわからないほどの施設・空間が存在する。人気カードにもかかわらず座席は空席が目立つのは、ほとんどホスピタリティ空間で集っているのが理由と思われる（図3－5）。

▼ニューヨークマディソンスクェアガーデン
アリーナ内部ツアーで見学。ヤンキーススタジアム同様多くのカテゴリーのホスピタリティ空間が存在（図3－6）。

▼ニュージャージーレッドブルアリーナ
アリーナと呼称されているが実際はスタジアム。MLSのゲームに付帯していたミドルクラスのホスピタリティ空間。家族づれも目立つ（図3－7）。

▼ミネアポリスコンベンションセンター（スーパーボール）
スタジアム併設のホスピタリティ空間ではなく、バス移動10分のところにあるコンベンションホールを貸し切ってのホスピタリティ空間を視察。1万人規模のホスピタリティ商品購入者がキックオフ前に軽食やドリンク、ステージをエンジョイ。市内のメインスト

図３－６　ホスピタリティ空間への受付

筆者撮影。

図３－５　空間の一例

筆者撮影。

図３－８　巨大タワーが出現した世界最大級のホスピタリティ空間

筆者撮影。

図３－７　空間の一例

筆者撮影。

リートはシティドレッシングされ、街全体がホスピタリティ空間と化していた（図3－8）。

(4)南　米

▼リオデジャネイロオリンピックスタジアム

リオオリンピック期間中に訪問した。シンプルな空間で食事はコンコースでサーブされ、各自取りにいくスタイル（図3－9）。

▼サンパウロ　シーセロ・ポンペウ・デ・トレドスタジアム（Estádio Cícero Pompeu de Toledo）

サンパウロにある3つのス

図3－9　オーソドックスだが数の多いVIPルーム

筆者撮影。

図3－10　レストラン側からフィールドに向けて撮影

筆者撮影。

タジアムの中で最も利用されている。スタジアム外周コンコース沿いにレストランがあり、中に入るとフィードが見える作り（当日は、試合はなかったがレストランは営業）。同様にホスピタリティスペースと思われる空間がある（**図3－10**）。

(5)ヨーロッパ

▼ロンドン郊外トゥイッケナムスタジアム

直近に改装したカジュアルタイプのホスピタリティ空間。スタジアムには数多くの種類のホスピタリティが存在するが、ちょうどスタンド下部のスペースを利用している。直接フィールドは見えないが、観戦シートまでの移動は楽であった（**図3－11**）。

先進事例集についてはこれまでスポーツ庁やＪリーグによる情報ハンドブックなどが発表されているが、いわゆるＦＯＨ（Front of House：お客様スペース）のスタジアム空間としての資料やデータが主である。ただ、ワールドレベルのホスピタリティサービスを実際に提供するならばＢＯＨ（Back of House：バックヤードスペース）の検証が必要となる。ホテルのファンクションルームを

図3-11　ホスピタリティ空間の一例

筆者撮影。

思い起こしていただければわかる通り、施設内のキッチンの存在はもとより、料理のサービスはキッチンから裏導線でパントリーに運ばれ、最後の盛り付けや装飾が行われる。また食後はすぐに食器が回収され、コーヒー紅茶、デザートサービスに移行するが、そうした後片づけスペースも当然必要となる。こうした一連のサービス作業があり、メインコース堪能後もその余韻に浸りながらスポーツ観戦に没頭できる高品質のホスピタリティスペースが提供できるといえるだろう。当然のことながら運搬に必要なトロリーウォーマや(階が異なる場合は)食事用エレベーターも必要となる。給仕サービススタッフも常にＦＯＨにスタンバイする訳でなく、試合前のブリーフィング、サービス提供後の休息及び着替え等のそれなりのサービスマインドを持つレベルの高いスタッフを用意するためには、控室的な空間も必要になってくる。見逃されがちであるが、ＢＯＨの存在の重要性が高付加価値につながることを認識いただければ幸いである。

欧米豪を中心とした海外のスポーツホスピタリティマーケット事情を具体的に考察してきたが、導入されたばかりの日本での方向性については、これからも意見の分かれるところかもしれない。しかしながら、スポーツの国際化による様々なコンテンツの国内流入、Covid-19によるコンテンツホルダーの収益の低下への対策、法人需要のさらなる取り込みといった点で必要不可欠な商材であることは論をまたない。スポーツ庁の掲げるスポーツGDP3倍計画達成のためにも国としてのバックアップ体制を期待するところである。今後のスポーツコンテンツホルダーをはじめとする各ステークホルダーのスポーツホスピタリティ商品への積極的な取り組みに期待したい。

■「するスポーツ」でのスポーツホスピタリティの展開

これまで「みるスポーツ」でのスポーツホスピタリティ商品の詳細を、海外の事例を含めながら検証してきた。一方で「するスポーツ」での同商品の展開について、コメントしていきたいと思う。

推察される通り「するスポーツ」では、コアな目的である法人向けビジネストーキングの要素が欠落することになるため、大型スポーツイベントといえども大規模なスポーツホスピタリティ商品展開は困難が予想される。ただ一方で日本国内におけるマラソン大会の開催数に陰りが見えるなど（もちろんコロナの影響もあるが）、ユニークなサービスでの魅力度アップという面では議論が少ないまま今日に至っているといえよう。乱立気味の状況から多少エントリーフィーが高くても参加者が満足いく付加価値サービスを提供することによる差別化が図れる可能性は高いといえよう。

海外経験が長く、若くしてご自身でスポーツ関連企業を立ち上げられたBLUETAG Inc.の代表取締役 今矢氏に、メガマラソン大会を中心に「するスポーツ」のホスピタリティ事業の海外事例及び今後の可能性についてお話を伺った。

今矢氏は、6大メジャーを含めこれまで多くの海外マラソン大会に自ら出場し、かつ車いすマラソン選手の帯同マネージャーとしても参加してきた。メジャーマラソンの場合、一般参加者とは別にスポンサー枠参加者やチャリティ枠ランナー用に通常出発地点に専用テントが張られ、中では身体が冷えないような工夫とともに、軽食やドリンク類のサービスが提供されている。またゴール地点でも同様にテントがあり、休息に加え簡易的なマッサージサービス等が可能である。スポンサーや帯同者などの関係者にはフォーマルなウェルカムパーティや表彰式パーティへの招待があり、大会日においてもランナーを応援しながら飲食を楽しめるテントが設置される。ただ両パーティについては、招待選手を除きランナーが入室することはできず、またゴールテントもシンプルで本格的なクールダウンサービスがある訳ではないとのことだった。

チャリティ枠の一部を工夫してニーズのある一般ランナーに対して類似した機会を設けることで、ある程度の財務的な支援ができると考える。基本的に大会は現場のみの対応でしかないため、例えばサイクリングレース等の場合は、自転車輸送による参加者の負担が大きい。こうした課題を総合的に解決するようなサービスを提供できれば、国内外に限らず、より効果的・効率的なスポーツホスピタリティ事業の展開が可能と思われる。

こうした取り組みをマラソンや自転車・トライアスロンといった国内「大会」での実施を検討するとともに、アドベンチャーツーリズムを始めとする少人数でストーリー性を持つツーリズム形態にも導入が可能であろう。状況や枠組みにもよるが、そのシームレス、ボーダーレスで活用が可能なホスピタリティ事業をあらゆるスポーツコンテンツで検討の価値があるかもしれない。

Key Point

海外と日本とのスポーツホスピタリティ商品の差は、そもそもスポーツ＝レジャー、エンターテインメントと捉えてきた海外と、スポーツ＝教育としてきた日本とのスタート時点の認識の差がそのまま今日に至っていると言っても過言ではないだろう。スポーツの産業化の中で、スポーツホスピタリティ商品の扱いが他の事案（大学スポーツ、スタジアム＆アリーナ改革等）と同様に議論となることを期待したい。

4 実務者から提案する今後のスポーツホスピタリティ商品

Q 今後、どのようにスポーツホスピタリティ商品を展開すれば良いのか？

■スタジアム・アリーナ改革

本節では、筆者のこれまでの経験や研究をもとに実務者からの将来的な提言を述べたい。

まずは本書でたびたび言及しているスポーツホスピタリティ商品で最重要になる施設の部分、スタジアム・アリーナ改革について述べる。スタジアム・アリーナ整備に関して検討すべき項目を整理するため、「スタジアム・アリーナ推進 官民連携協議会」が、有識者の協力を得て「スタジアム・アリーナ改革指針」を２０１６年に発表した。その後の経緯を経てＰＦＩ方式による設計・建設から運営までの民間への移設推進はスポーツホスピタリティ商品開発にもプラスの影響を与えはじめている。

しかしながら筆者もいくつかの新スタジアム、新アリーナの予定平面図を拝見したことがあるが、スポーツホスピタリティ商品の運営において必ずしも設計会社、建設会社、運営会社が知見を保持しているとは限らず、ＶＩＰフロアの設置予定図に関して以下の留意点を取りあげる。

①バックヤード施設がほとんど加味されていないケースが多い。

これまで見てきた通り特に大きな付加価値を生み出す飲食において、フロアキッチンすら設定がない場合もある。通常のホテルのファンクションルームのように多少キッチンが離れていても給仕スタッフがスマートに給仕できるような食事導線の確保やスタッフ用のトイレや休息用空間は、レベルの高い人的リソースを確保しようとするなら必須である。おそらく海外事例や素材集に挙げられている写真は実際に購入者が利用する空間のみに限られており、バックヤード情報が極めて少ないことが原因と推察する。バックヤードの広さとしてはおおむね、ゲストスペースの3割から4割程度が必要とも言われる。

②ＶＩＰルームの位置やサイズ感が中途半端なケースがある。

通常センターライン周辺が最も観戦価値の高いポジションとなるが、ＶＩＰルームがゴール裏に相当する位置に存在していたり、もしくは競技によっては場所が変更になる案件がある。2種類以上の競技がホストチームとなるケースでは、どちらを優先的にするかの議論はあるが、角やゴール裏にあたる空間は高付加価値を生まないので、それに応じた価格設定やサービス内容の再検討が必要となる。またＶＩＰルームの空間側の収容人数とボックス前の座席数が一致しないケースもある。当然後者の方が多くないと意味がないが、新設スタジアムなどでの想定全座席数に最低数が設定されている場合等、余りにもかけ離れた数値となると見栄えの問題も発生する可能性もある。

③スポーツホスピタリティ商品の事業スキームが描けていない。

スペースや設備の設置計画から飲食提供等やエンターテインメントやギフト等の一連の運営及び販売によって、どれだけの収益がもたらされるかのシミュレーションを含め事業全体像を把握している運営会社がほとんど存在しない。これまで日本に存在してこなかったビジネスモデルなので当然ではあるが、欧米の状況などを踏まえて推察することは可能であろう。ＳＴＨＪ社の実績のみで判断するのは危険ではあるが、第2章でのアセスメントフロー（図2－6）等を参考に事業の立て付けを想定することが肝要と思われる。

④文化イベント等のバランスは？

特にアリーナでは収益性の高い音楽イベント、コンサートを誘致するケースが多い。これまで余り活用されてこなかった常設のＶＩＰルームに関し、一部の日本のプロモーターは有効利用を模索し始めているという。ホスピタリティ商材においてはスポーツと音楽ではモードが異なり、完全な併用や両立は必ずしも容易ではないが、双方の知恵を絞りながら最善の運営方法を見出す必要があると考える。

スポーツホスピタリティ商品のようにハード面とソフト面のマッチングが必要で、かつ過去の歴史がない状況での導入作業は様々な困難が伴うことは容易に想像できる。特に、スタジアムやアリーナの改修・新築には莫大な費用と年月が必要となるため、慎重な対応が要求されると想定する。議論が尽きた段階で、何が正解かの回答は未来のステークホルダーが出すという前提での取り組みが必要かもしれない。

■魅力的な組織とコンテンツの創造

ここまで随所にコメントしてきた通り、日本におけるスポーツホスピタリティ商品は将来的な商材といえる。このため組織作りを含めて、まだ正解は存在しないといえるだろう。

しかしながら、まとめの意味をふくめたある程度コアなポイントを以下に列挙してみた。

1．スポーツホスピタリティ商品の構造と事業モデルをある程度理解した人材確保

スポーツホスピタリティ商品に限らずすべての新商品への取り組みに必須な要素であるが、やはりある一定程度以上の知見者の存在の必要性は否定できない。日本においては実際の実務経験者数は限られていると思われるが、現状企画シート等の準ホスピタリティ商品の取り扱い部署やスポンサー対応部署であれば、その構成要素は比較的簡単に想定できると推察する。

ただし、今後のスポーツホスピタリティ商品の発展性を視野に入れれば、これまでの欧米豪型を単に模倣するのではなく、日本の独自性を見出していきたい。

例えば地域性の演出である。ホスピタリティ空間には、地域ごとの食材や食器の「ショウケーシング」機能が存在するが、実際のホスピタリティ商品全体を俯瞰しながら実際の仕入れ交渉をしたり、試合内容や顧客需要に合わせたプロデュースが必要となる。スポーツホスピタリティ商品購入者の特性を踏まえたベンダーとのリレーションやゲストジャーニーのシナリオ作り等、これまでのデパートや高級食材店、一流レストラン並みの流通と演出を目指すべきだろう。特に試合数の多い野球やバスケットボール、サッカーの場合は、ほぼ毎回異なる内容が必要でかなりのハードワークとなるが、それを楽しみにする購入者も増えていくと想定する。こうした高所得者向け商品のルーティン的なバリエーション化は、おそらくメインコンテンツがスポーツだからなしえることで、他のエンターテイメント事業では展開が難しいと思われる。

2．事業展開組織

基本的にチケッティングないしマーケティングを担当する部署がふさわしい。なぜなら、一般チケット販売からの延長線上もしくはスポンサーサービスの延長線上のプロダクトと捉えるのかは、スポーツコンテンツホルダー側の判断となる為である。いずれにせよ、導入当初は様々な課題が顕在化することが自明であるため、ある程度中長期的に当商品の存在意義を捉えることが必要となる。

3．次世代スポーツホスピタリティ商品の取り組み想定

2020年、2021年はオリンピックのみならず多くのプロスポーツで観戦方法においての変化

が見られた。試合のキャンセルや延期はもちろん、観戦者数の制限や大声を出さないなどの観戦方法と、これまで例をみない状況となっていった。当然のことながらこれに伴い、通常オペレーションをどのように行うか、感染対策の充実化や万が一の場合のバックアップ体制など、限られたリソースで組織化されたチームやリーグはとりあえず目の前の対策に追われた。結果としてＲＷＣ２０１９で成功を収めたスポーツホスピタリティ商品の導入が積極的に語られることもなく、ウィズコロナ時代をどう受け止めていくかが議論になり始めてようやく遅れ馳せながらスポットが当たり始めている。

コロナ時代のスポーツホスピタリティ商品のメリットとして以下の点が挙げられよう。

①収益性が高いため、数より質で勝負できる。

②空間共有がほぼ同じ観客同志となるため、安心感がある。万が一の場合の追跡もしやすい。

③専用導線のケースが多いため確実に感染対策を講じられるケースが多い。

また、この商品の延長線上にはスポーツを活用した社会課題解決へのヒントも含まれている。欧米豪先行型のスポーツ関連事業の一つであるが、日本の独自性（経済的、社会的、文化的）を反映させる意識が同商品のツボであることを示唆しておきたい。地元自治体などこの分野について取り組んでいる組織との連携も必要になってくるだろう。

4. ゲストジャーニーを演出する協力者とは

スポーツホスピタリティ商品の最も重要なワードは「体験価値を高める」ことである。この年に数回、いや人生で数回しかない瞬間を、ビジネス的あるいは社会的に関係の深い「あの人」と共有できる点が、筋書きのないスポーツでのみ展開できる当商材の最も優れた長所といえるだろう。そして、その数回に当たらなくても普段では味わえない異空間、おいしい心のこもった食事及び通常では会えない人物との交流等がこのスポーツホスピタリティ商品を下支えするソフトコンテンツになっていく。それぞれストーリー性を持たせながらの演出が必要だが、特にゲストスピーカーやエクスクルーシブな解説者においては、球団ＯＢや現役でも実際にゲームに出場できない選手に依頼するなどコンテンツホルダーから見ると副業に近い、あるいはセカンドキャリアに相当する業務になる可能性もある。また、スポーツホスピタリティ実施時間・場所のみならず招待客にとって家を出てから戻るまで、いや、スポーツホスピタリティ商品を問い合わせした瞬間から、感動の瞬間をイメージさせるいわゆるワクワク感の醸成のシナリオが必要となる。

この感動経験の創出・演出には様々な協力者が必要となる。商品発表までのケータリング会社や人材派遣会社、警備会社、内装会社との連携は必須であり、その後の段階でのコールセンター機能、観戦チケットやパスを事前送付する場合のロジスティックやプリンティング関連会社、招待客の輸送や宿泊を担務するトラベルエージェンシー等多岐に渡る協力会社（組織）の質の高いサービス提供抜きでは評価に値するゲストジャーニーは期待できない。

■日本型のスポーツホスピタリティ商品の国際化について

これまで検証してきたＲＷＣ２０１９及び東京２０２０オリンピックのスポーツホスピタリティ商

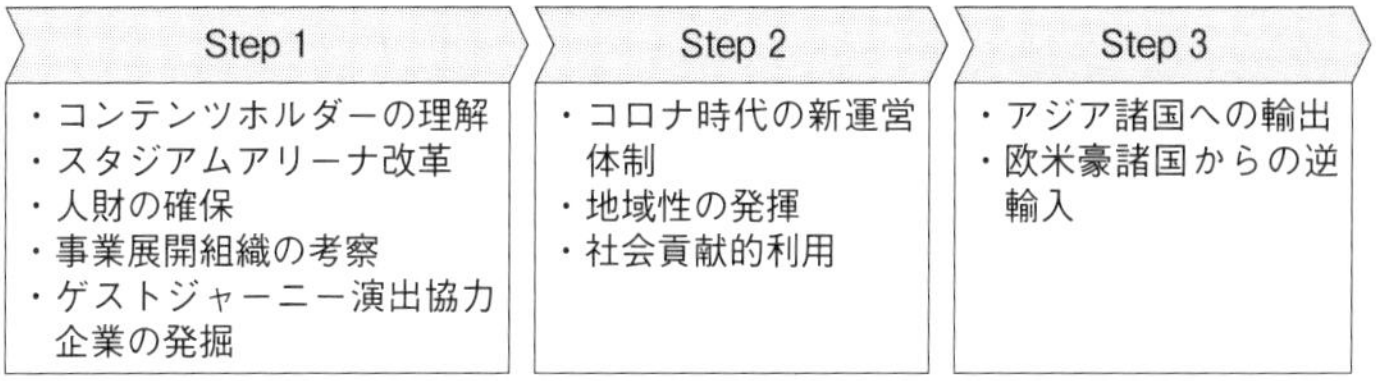

Step 1	Step 2	Step 3
・コンテンツホルダーの理解 ・スタジアムアリーナ改革 ・人財の確保 ・事業展開組織の考察 ・ゲストジャーニー演出協力企業の発掘	・コロナ時代の新運営体制 ・地域性の発揮 ・社会貢献的利用	・アジア諸国への輸出 ・欧米豪諸国からの逆輸入

図３-12　スポーツホスピタリティ商品の拡大将来イメージ

出典：筆者作成。

品であるが、それを参考に今後の日本国内の展開事業案を記述してきた。基本的にＳＴＨグループ社が展開してきたこれまでのノウハウを国内に波及させるフローが一般的に想定されるが、今後は〝日本の独自性〟をどのような形で発揮すべきかをスポーツ界全体でも議論できる余地があれば理想的である。各プロスポーツ団体や将来的なスポーツ運営組織委員会が共同でディスカッションを重ねることも無意味ではないと思われるし、まだ根付いた商品ではないが、ＤＸが進化していくのと同時にこうしたヒューマンタッチの商材がもてはやされるのは容易に想像できる。

将来的にこの商材の設定が全国普遍化する状況が見えた段階で、欧米豪の商材以上に魅力的な内容となっていることを期待したい。日本における特性、例えば食材や食器、家具などの地域性の発揮への取り組みは余り欧米豪では見られない（そもそも、スポーツホスピタリティサービス提供側も購入社（者）側もそこまでこだわっていない）。また別章で述べている社会貢献的利用についても、欧米豪では同じ競技場に[4]センサリールームの存在は見いだせ

（4）センサリールーム＝発達障害児童に見られる聴覚過敏、視覚過敏等の症状を和らげるために特別な内装や設備を整えた部屋のこと。欧米のスポーツ会場では常設化されているケースもある

るが、ＶＩＰルーム利用権購入パートナーが、自社用利用しない日にセンサリールーム化するケースはまだ顕在化していない。
こうした方向性を反映させたオリジナル独自商品を、今後スポーツビジネスの発展が想定されるアジア諸国に輸出することも可能であろう。すでにスポーツ施設では先進的なホスピタリティ空間事例が出現している都市が増加しているが、有効利用の面、いわゆるソフトでは前述のコンセプトを活用していきたい。場合によっては欧米豪が逆輸入する可能性もあると筆者は考えている。こうした目線で今後の展開を議論出来たら理想である（図3－12）。

Key Point

これまで見てきた通り、スポーツホスピタリティ商品については、ハード面ソフト面の両面での整備が必要となるものの、今日までスポーツを通じたダイレクトコミュニケーション手段の概念が日本では不足していたため、逆に今後の利用選択肢は無限大に近いものと感じている。やがて国内スポーツ文化の一旦を担う日本独自のスポーツホスピタリティ商品が開発され、その枠組みがアジアを中心とした海外にも展開されることに期待を寄せている。

インタビュー 3

スポーツビジネスの社会的効果を数値化することの意義

デロイト トーマツ ファイナンシャルアドバイザリー合同会社
スポーツビジネスグループ シニアヴァイスプレジデント 里崎 慎

デロイト トーマツ グループでは、岡田武史氏がオーナーを務めるFC今治（J3所属）と共同でSROI（Social Return on Investment：社会的投資収益率）の活用による活動成果の可視化という取り組みを行っている。今後、スポーツホスピタリティ商品の評価としても重要となるスポーツビジネスの本質的な価値を数値化することについて伺った。

――まず、過去と現在のスポーツビジネス界についてお聞きします。コロナ禍前に開催されたラグビーワールドカップ2019をどのように捉えていらっしゃいましたか？

ラグビーワールドカップはビジネスの側面とスポーツが持っている本質的な価値の側面、この2つの面で大きな影響があったのではないかと考えています。

ビジネス面では、日本で初めて開催される大会ということもあり、ラグビーで本当に収益が出るのか心配される声もありました。しかし、蓋をあければ集客だけでなく、広告価値、PR戦略などでもこれからのスポーツビジネス界にとって重要な示唆となる事例が多く生まれ、権利関係の整理さえできれば、しっかりと収益化できることを証明できたのではないかと思います。これまでプロ野球やJリーグのような人気スポーツコンテンツでなければ収益化は難しいと思われてきた国内市場において、計画的にイベントを行うことで大きなビジネスを生み出せるということが分かったのも大きな成果だったと思います。

もう1つの影響はスポーツの本質的価値を改めて確認できたことです。スポーツに常にアンテナを張っているわけではない一般の消費者に対してもラグビーの特徴、魅力を広く認識いただく機会となり、ラグビーというスポーツの価値が高まりました。

なぜそうなったかの理由は、「スポーツマンシップ」というキーワードに集約されると思います。この単語はワールドカップ期間中、メディアを通じて何度も出てきました。相手をリスペクトすることやノーサイドの精神などは、現代社会が抱えている課題の解決にとって有効な理念であることが多くの人々に再認識された感があります。

ラグビーという競技は、スポーツというコンテンツが本来持っている「スポーツマンシップ」という価値をわかりやすく体現する競技特性があるため、特に影響・インパクトとして大きかったと思います。

また、ラグビーW杯とは直接関係ありませんが、その直後に起こったコロナ禍もスポーツ界に非常に大きな影響を及ぼしていると考えています。これまでのスポーツコンテンツホルダーの基本的なマネタイズ構造としては会場に「人をいかに呼べるか?」が最も分かりやすい選択肢の1つでした。スタジアムを満員状態にして入場料収入を上げる。そして、そこに人が集まるからこそ、広告が売れるというモデルです。

ところが近年新型コロナウィルスが蔓延した中で、そのビジネスモデルに特化していたコンテンツホルダーほど大きなダメージを受けてしまったという逆転現象が起きてしまいました。結果として多くの現場が混乱に巻き込まれるという事態となりましたが、私はこのことは決してネガティブなインパクトだけではないと考えています。つまり結果的に、試合の集客のみに頼らないマネタイズ方法がないかをコンテンツホルダーが真剣に考えるようになったからです。このことは、中長期的なスポーツ界の発展を考えたときに大きなターニングポイントになったのでは、と思っています。

これは大きな変化であり、これからのスポーツ界を発展させるためには必要な変化だと思います。また、その変化の中でスポーツの本質的な価値を高める1つの方法が今回の書籍の主題となっているスポーツホスピタリティのビジネスモデルではないかとも思っています。

――スポーツホスピタリティの現状や可能性についてどのように見ていらっしゃいますか？

これからスポーツの現地観戦の楽しみ方は二極化していくと思います。1つはこれまで通り国内で主流であったスタジアムに来場して勝敗や選手を応援することを楽しむスタイル、もう1つは球場や地域の特色を感じることができる非日常的な付加価値を楽しむスタイルです。

観客の方々もそれぞれの置かれているポジションによってスポーツコンテンツに求めるニーズも違ってきていると思っています。顧客のニーズに合わせてサービス開発をしていくのはビジネスでは当たり前のことですし、スポーツだけが特別ではありません。富裕層の方々やコアファン、スポンサー企業などがこれまでの観戦スタイルとは別のものを求めているということであれば、それを調整して提供していくことはビジネスとしてごく自然なことだと思います。

例えば一例として、企業の商談や接待活動を取り上げてみましょう。企業の商談や接待は、まずは末端の部署の人から接点を作って1つ1つエスカレーションをしていき、ようやくトップの人にたどり着くというステップを踏むのが通常です。

そうなると、そこにたどり着くまでの時間やコスト、労力は相当のものになると想定されます。しかし、スポーツホスピタリティという商品を提供できれば、トップ同士がその場で会談をして、基本方針を決定することができるため、短期間かつ相対的に見ると割安かつ効果的にビジネスを進めることが可能となります。

実際にヨーロッパのスポーツビジネスが大きくブレイクしているのはビジネスアライアンス構築の場として

のスポーツコンテンツの活かし方というものが確立されており、そこにお金を投じることに合理的な説明ができるというのも大きな理由の1つと考えられます。

しかし、日本の場合、例えばJリーグクラブのオーナーになったからビジネスアライアンスが一気に展開していくかというと、残念ながらそうはなっていません。

その理由の1つとして、ホスピタリティビジネスがまだ確立されていないことが大きな要因とも考えられます。顧客ニーズをしっかりと掴むのと同時に、コンテンツの特徴を活かした様々なサービスを提供しなければ、スポーツビジネスの発展はままなりません。そういった意味でも、ホスピタリティビジネスの確立は重要だと考えます。

―スポーツホスピタリティの効果や価値を検証するためにも経済や広告価値を測るだけなく、社会的効果の検証も重要だと考えています。SROIに取り組むきっかけや検証の現状を教えて下さい。

SROIに取り組むきっかけになったのは、これまで私がスポーツビジネスに携わる中で、中長期的な活動の評価やスポーツコンテンツが生み出す目に見えていない価値の部分をどのようにマネタイズしていけばいいのかという相談を、クラブやリーグ、団体から相談を受けていたことが背景にあります。

その中で、スポーツビジネスに限らず、SDGsの取り組みやESG投資などに世間の注目が集まり、企業活動の報告書の中で社会貢献などに関連した取り組みを評価する流れが生まれてきており、そこで私は偶然、SROIという手法があることを知りました。

この手法は、スポーツビジネスの領域にもかなり当てはまるものではないかと考え、プロスポーツクラブの非財務的な価値を可視化していく取り組みができないかと探っていたところ、今回、JクラブのFC今治さんと共同でSROIを使っての社会的価値の可視化にチャレンジできる機会をいただきました。まだまだ、チャレンジの段階で課題もありますが、結果、一定程度非財務的価値を可視化できることが確認できました。

——その取り組みの中での価値算出の苦労や難しさをお聞かせください。

私たちデロイト トーマツのHPにFC今治さんとの取り組みをまとめたものを無料で公開しているので興味がある方は見て頂きたいですが、1つの課題としては、社会的価値を生み出す活動の一部しかまだ評価できていないという点です。

今回は期間や予算的な制限があり、短期的に情報が手に入るものだけで評価を行いました。そのため今回は、主に短期的に発現する社会的価値を中心に評価しましたが、SROIによる可視化の領域を拡大するためには中長期的な活動の評価もできるようにしなければならないと思っています。

もう少し具体的SROIの評価手法について説明すると、SROIは、アクティビティから生み出された社会的価値を測る指標としての成果量に、客観的な単価である金銭代理指標を乗じることにより、社会的価値の定量化を目指す手法です。

社会的投資利益率（%）＝一定期間の社会的成果÷投下された資源額

すなわち、成果量が拾えないと、SROIを活用しても数量化ができないということになります。成果量をいかに効率的に拾っていくか、または成果量をどのように定義していくのか、これによっても値が変わってきます。だからこそ、データを地道に拾わないといけないですし、精度をあげるためには他のクラブの事例も参考にしつつ何を評価する項目にしていくのかを考えなければなりません。そのためには、DXを活用した改革なども考えないといけないと思います。その意味ではロジックモデルの作りこみが最も重要になってきます。

加えてこのロジックモデル作成は社会的価値の可視化という主目的の他に、もう1つ大きな副産物があること

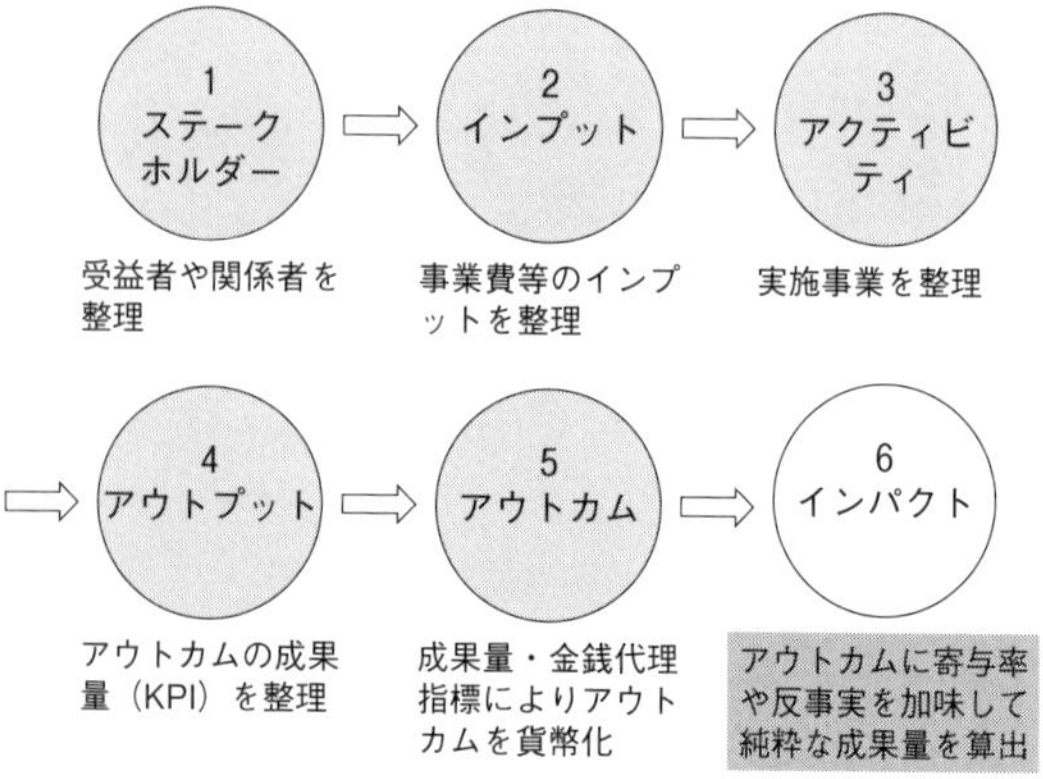

図１　社会的インパクト定量化の流れ

出典：デロイト トーマツ ファイナンシャルアドバイザリー合同会社公開資料より。

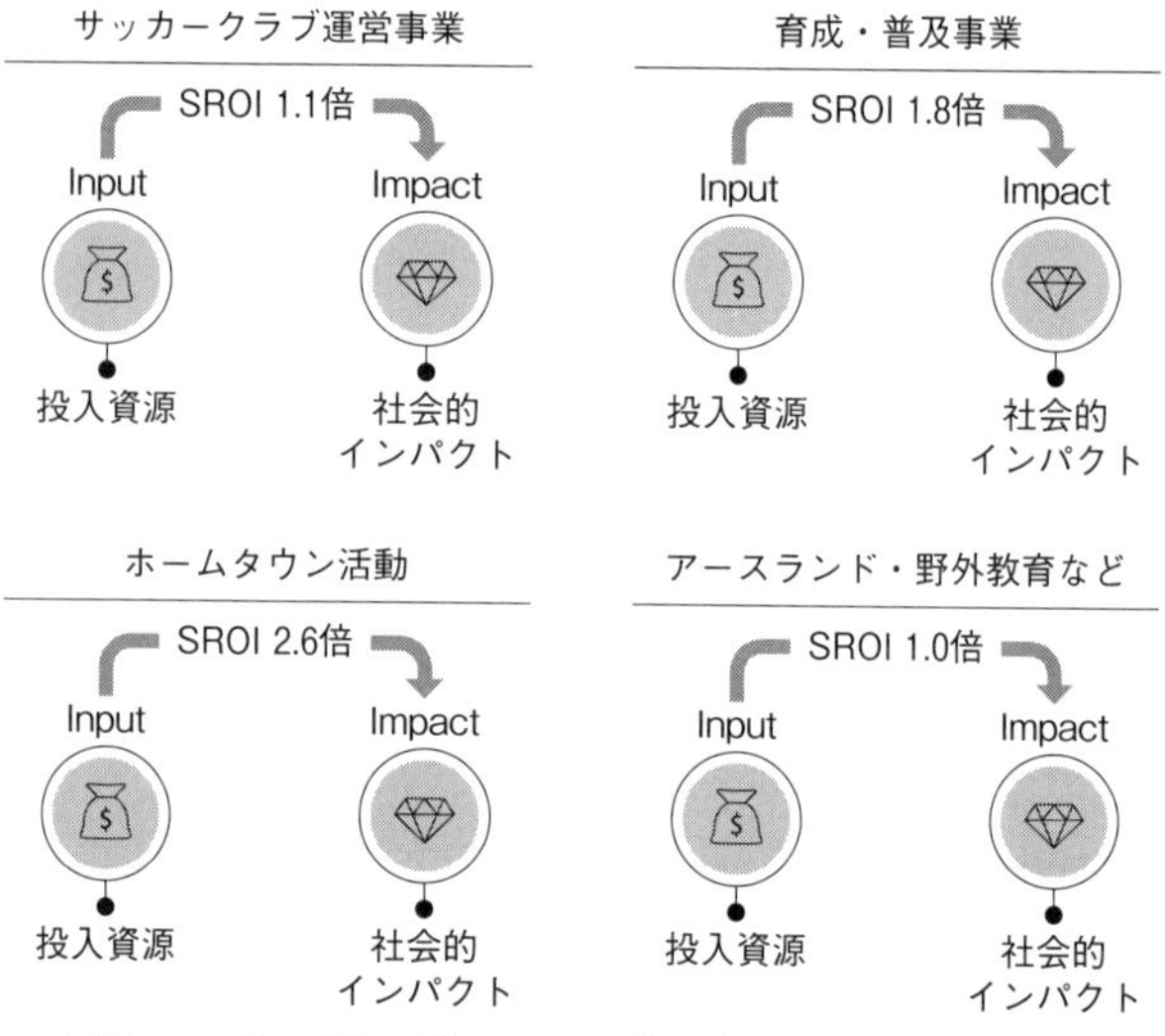

図２　今治、夢スポーツの事業がもたらす社会的価値

出典：デロイト トーマツ ファイナンシャルアドバイザリー合同会社公開資料より。

にも気付かされました。具体的にはロジックモデルが、自分たちの活動を振り返ることや何を目指して活動しているのかを確認するためのツールにもなり得るという発見です。この発見は今回のプロジェクトの中でも1番大きな成果だったと思います。

FC今治さんだけでなく、どの企業でも言えることだと思いますが、最近のスポンサーシップの特徴として、広告宣伝で商品を売るというスポンサー契約をするよりは、そのクラブの理念や活動に共感し、両者のアクティベーションによって新たな価値を創り出すという「パートナーシップ」が増えているという印象です。

それはこれまで受動的にスポンサーをする企業が多かったことに起因し、ある意味で情に訴える営業が多くのクラブで散見されていたと思うのですが、SROIの手法を使ってしっかりと活動成果を数値化してロジカルに説明できる営業ができるようになると、より収入源が広がる可能性があります。そういった意味では今回の調査には一定の成果があったと思いますし、これから2次調査も行っていき、精度を高めていこうと考えています。

Profile

埼玉県出身。大学卒業後、有限責任監査法人トーマツで会計士として活躍。2009年にデロイト トーマツ ファイナンシャルアドバイザリー合同会社（DTFA）に転籍し、主に非営利法人の運営アドバイザリー業務に従事。2015年から現在までDTFAスポーツビジネスグループの中核メンバーとして活躍。Jリーグ及びBリーグをテーマにデロイト トーマツ グループから発行される「マネジメントカップ」の執筆責任者を務め、一般社団法人日本野球機構（NPB）の業務改革支援や、公益財団法人日本サッカー協会（JFA）のガバナンス・コンプライアンス体制強化支援業務にプロジェクトマネージャーとして関与。

第4章 どのようにスポーツホスピタリティを導入するか？

1 コンテンツホルダーの隠れた資源の見直し

Q 付加価値の創出をどのように生み出すのか？

■OB・OG選手の活用

本章では、第1章4節で述べたスポーツホスピタリティ商品の今後の大きな課題となる3項目を挙げ、第2章、第3章の事例研究を含めて実際に国内導入する場合にどのように準備・遂行すれば良いのかを考察する。

まず本節では、付加価値の創出について考える。前述したようにスポーツホスピタリティ商品は、通常の観戦チケットとは異なる付加価値を提供する。例えば以下のようなものが挙げられる。

・入退場の混雑を回避できるＶＩＰ導線がある
・試合開始の２～３時間前から会場入りし、飲食を楽しめる
・著名なゲストスピーカーによる試合の見どころ解説等のエンターテインメントがある
・場合によるがチケットの優先購入権が与えられる
・非売品のメモリアルギフトの提供や試合前のフィールドに立てるといった特別体験がある

顧客に対しては、法人営業企業との関係強化や理解促進を通して、企業接待や社員の福利厚生としての認識の普及が必要で、そのために付加価値をつけることが重要となる。

そのためにはまず、コンテンツホルダーがスポーツホスピタリティ商品の付加価値を認識することが重要である。国内では、この価値をどこか懐疑的に見ているところがある。国内でも欧米に倣ってＶＩＰルームやスイートルームを建設するところは多くなっているが、前述の通り先進的に進めている事例はまだ少ない。

しかし、リスクのないビジネスはなく、価値があると信じ、前に進めないと何事も推進できない。その時に重要なのがプロスポーツクラブをはじめとしたコンテンツホルダーの隠れた資源の見直しである。地域資源と同じく、自分たちが考えていないところに意外な宝があるものである。それをファンや自治体を中心としたステークホルダーとともに掘り起こす必要がある。これはスポーツホスピタリティ商品にとって、他地域との差別化となり、魅力ともなる。

特にクラブＯＢ・ＯＧ選手という資源は見直す必要があるだろう。ＯＢ・ＯＧ選手はスポーツ教室

等の競技面がクローズアップされるが、より多角的な視野で考え、クラブビジネスで有効活用できる場面が多くあるはずである。選手引退後のセカンドキャリアの観点も含めて、これからのスポーツビジネス界にとっても重要になってくる。

■静岡ブルーレヴズの事例

そういった部分も含めてスポーツホスピタリティ商品販売を推進しているJAPAN RUGBY LEAGUE ONEに所属するプロラグビークラブの静岡ブルーレヴズが行っている例を参考に述べたい（代表取締役社長の山谷氏のインタビュー記事はこの章の終わりに記載、ぜひ参考にしていただきたい）。

静岡ブルーレヴズはラグビートップリーグに所属していたヤマハ発動機ジュビロが前身で、Jリーグのジュビロ磐田と同じヤマハスタジアムを本拠地としており、2021年から新設されたリーグJAPAN RUGBY LEAGUE ONEの1部リーグで戦っている。

そのタイミングでブルーレヴズはチームの一新だけでなく、クラブ経営・運営についてもヤマハ発動機から分社化をして、これまでいくつものプロクラブ経営を行った山谷拓志氏が社長に就任し、リーグでも数少ないプロクラブとして新たに改革の時期を迎えている。

その中で、クラブのレジェンドOBとして、五郎丸歩氏がいる。五郎丸氏はラグビーをあまり知らない人でもご存知だと思うが、ラグビーワールドカップ2015の日本代表に選ばれ、その大会で大活躍をして大会終了後にはベストフィフティーンにも選出された。同年11月にはオーストラリアのスーパーラグビー所属のレッズに加入するなど海外で活躍し、2017年にヤマハ発動機に復帰して

2020年に惜しまれつつ引退した。

その五郎丸歩氏(1)はブルーレヴズの指導者ではなく、将来、クラブ経営に携わるために実務経験を積むことなどを念頭にクラブと話し、現在「クラブ・リレーションズ・オフィサー（ＣＲＯ）」に就任している。

そして、主にチケット販売を担当しているが、彼が引退後にクラブの仕事として力を入れたのが、スポーツホスピタリティ商品「Revs 2Days Premium」であった。

表4-1が価格と商品の特長である。

この企画立案の背景としては海外のリーグを体験していることが大きい。特にフランスでのＲＣトゥーロン所属時では、スポーツホスピタリティ商品が販売され、非常に成果をあげているのを認知しており、それを日本でも実施したいということで企画が進められた。

（1） 五郎丸歩（ごろうまる　あゆむ）：高校時代は3年連続で全国大会に出場。早稲田大学では1年次よりフルバックのレギュラーとして活躍し、4年間で3度の大学日本一に貢献。2008年より、ヤマハ発動機ジュビロに所属。ラグビーワールドカップ2015イングランド大会では、日本代表副将として、過去2度の優勝を誇る南アフリカ代表を降し、この大会で2度のＭＶＰを獲得。日本人で初めて世界のベスト15に選ばれる。スーパーラグビーのクイーンズランドレッズ、フランス・トップ14のトゥーロンでもプレー。2021年6月に現役引退し、静岡ブルーレヴズ「クラブ・リレーションズ・オフィサー（ＣＲＯ）」となり、現在に至る。

表4－1　Revs 2Days Premium の内容

① 価格について

パッケージ内容（2名1室）販売金額

	客室タイプ	料金（税込）
A	〈宿泊〉藤殿（庭側）	￥65,500
B	〈宿泊〉藤殿（山側）	￥63,500
C	〈宿泊〉葵殿	￥62,500
D	一棟貸（萩殿）部屋代のみ	￥200,000
	一棟貸（桜殿）部屋代のみ	￥200,000

パッケージ内容（1名1室）販売金額

	客室タイプ	料金（税込）
A	〈宿泊〉藤殿（庭側）	￥78,500
B	〈宿泊〉藤殿（山側）	￥74,500
C	〈宿泊〉葵殿	￥73,500
D	一棟貸（萩殿）部屋代のみ	￥200,000
	一棟貸（桜殿）部屋代のみ	￥200,000

② スケジュール

time	12月24日（Sat）	12月25日（Sun）
6：00		
7：00		6：30～9：30 朝食
8：00		
9：00		
10：00		
11：00	Golf〈葛城ゴルフ場〉ご希望の方はご予約の際にお申し出ください（有料）	11：00 チェックアウト ホテルより送迎ご希望の方はホテルよりスタジアムまで送迎いたします。
12：00		
13：00		
14：00		14：30 キックオフ 16：00 ノーサイド 自由解散 送迎が必要な方はご予約の際にお知らせください（有料）
15：00	15：00 チェックイン	
16：00	お部屋に記念チケットをご用意しております。	
17：00	17：30～19：00 夕食 ※チェックイン時にご希望のお時間をお伝えください	
18：00		
19：00		
20：00	19：30～21：00 トークショー 五郎丸 CRO より翌日の試合の注目ポイントや、RWC 2023 解説見どころ解説	
21：00		
22：00		
23：00		

③ これまでのプログラムの特長

① 宿泊先は静岡県を代表する高級旅館葛城北の丸。日韓 W 杯でサッカー日本代表が、2019年ラグビー W 杯ではアイルランド代表が宿泊された、県外問わず人気の高いホテルとなっている。
② 試合はロイヤル席から観戦、スタジアムへの送迎は VIP 専用入口で行う。
③ 試合前、VIP ルームにて五郎丸氏のトークショー、解説付き。
④ 食事は静岡県産の選び抜かれた食材で、特別に Revs メニューを考案。プライベートな空間が確保された個室を用意。
⑤ ソムリエおすすめのワインテイスティング。
⑥ 夕食後にはアーティストによるロビーコンサートを開催。
⑦ Revs 2 Days Premium ご予約者限定オリジナル記念チケット。

出典：静岡ブルーレヴズ公式 HP より。

■日本型スポーツホスピタリティの特長になりうる地域連携型

これらを五郎丸氏が1から企画立案、収支計算、関係各所の折衝まで行い、企画実施までこぎ着けた。この姿を見ていた株式会社ヤマハリゾート葛城北の丸総支配人の鈴木清氏は「五郎丸さんの企画への想いや姿に感銘を受けました。世界的なトッププレイヤーが必死になって、泥臭く営業や企画をされていると私たちも応援したくなりました。また、今回の企画は私どももスポーツを軸に地域を活性化できる可能性を非常に感じています。コロナで観光・宿泊業は厳しい状況ですが、静岡には隠れている良い地域資源がまだまだあります。それらを私どもとしてもブルーレヴズさんや地域の方々ともに盛り上げたいと考えています」と述べている。

このコメントは上記でも述べたが、導入する際の大きなポイントである。スポーツホスピタリティ商品の大きな課題としてクオリティの高い施設とサービスの問題がある。新設の場合はそれがクリアできるが、既存の施設を使用する場合はなかなかハードルが高い。そのような課題を地域のエグゼクティブな旅館やホテルと連携することでクリアすることができる。

ブルーレヴズの本拠地ヤマハスタジアムはサッカー・ラグビー専用スタジアムであるが、VIP席や調理施設は欧米と比べると完璧ではない。そのような部分を地域の宿泊施設と連携することで効果を高めることができる。これは第1章のスポーツホスピタリティ商品の類型化で述べた地域連携型である。国土が狭く限られたスポーツ資源の中で、地域ごとにおもてなし文化がある日本では、創意工夫をスタジアムやアリーナに限るのではなく、地域全体でホスピタリティ空間を創造することが重要になる。逆にいうと、新設されたスタジアムやアリーナでもこのような創意工夫がないと差別化できず、国外の目の肥えた利用者には満足感が得られないと考える。

実際に最初の1月の企画ではコロナウィルスで当日の試合が実施できなかったが、参加者の3分の1しかキャンセルは無かった。男女比率は男性55％、女性45％、年代としては40―50代がメイン参加者、所在地としては静岡が33％で他が東京、愛知、大阪の都市圏を中心とした県外であった。また、五郎丸氏の努力と企画の素晴らしさで、販売開始翌日に即完売であり、想定売上460万円、想定収益140万円、平均単価6・6万円を成果として上げることもできている。

ここでもう1つの大きなポイントが試合の有無や結果に囚われていなくても実施できている点である。これがまさに付加価値に相当するのではないか。今回のケースを見ても、1月の試合は実施しなくても企画を実施でき、満足度も高かった。

またブルーレヴズは、2022年シーズンはリーグで8位と低迷していたが、このようなサービスの質の高い観戦スタイルを提供することで、勝敗とリンクしやすい通常のチケット収入とは違う形でも収益が得られる。

このようなブルーレヴズと五郎丸氏の取り組みは前述したクラブの資産であるOB・OG選手との新しい連携や価値を見ることができた。プロクラブとしては改めてこのようなクラブ資産を見直すと同時に元選手としてもトークショーやイベントに呼んでもらうだけでなく、制作側に回っていくのも1つである。

また、付加価値の高い商品を創り出すには、クラブ単体でなく、今回の事例のように地域連携が必要である。特に飲食やサービスはプロクラブのノウハウだけでは、質の高い商品を創り出すのは難しい。そのノウハウを持つ地域の企業や団体と連携し、スタジアムやアリーナ内のサービスの質を高めていくことが重要であり、日本型スポーツホスピタリティを創り上げていく中で重要な要因となるだろう。

Key Point

- コンテンツホルダーの組織内や地域での隠れた資源を見つけ出すことが重要。特にOB・OG選手の資源は見直す必要がある
- 創意工夫をすること。スタジアムやアリーナに限るのではなく、地域全体でホスピタリティ空間を創造することが重要

2　スポーツホスピタリティ商品用スペース確保および法規制

Q 自治体とどのようにスポーツホスピタリティを創り上げるのか？

■自治体との関係構築

この節では、2つめの課題であるスポーツホスピタリティ商品用スペース確保および法規制の課題解決、特に自治体との関係構築について述べる。第1章でも言及したが、(1)近隣施設（体育館等）の利用、(2)移動が30分程度のホテル内ファンクションルームの活用、(3)仮設の設置、(4)プレミアムシー

トの設置がある。

これらに関しては、ステークホルダーの理解やコンサルティング企業との連携も重要ではあるが、最も重要なのは自治体との関係ではないか。日本の場合、スタジアム・アリーナの建設主体となる組織は自治体になるケースが多い。国内では数少ないが民間で建設する場合であっても、自治体との関係を悪化させると建設前のステークホルダーや地域住民との合意形成、建設後の試合運営や地域の競技スポーツ団体との連携等、様々な観点から考えて自治体との良好な関係構築は必須である。

そして自治体側も、このようなスタジアム・アリーナの建設意義や効果を高めるメリットがある。そのためには従来のスタジアム・アリーナ建設で考えられてきた、行政主導の方法を改革する必要がある。特に経済効果や社会的効果、域外からの交流人口を増やすのであれば、民間の視点を中心とし、自治体側はそれが達成できるように法規制や建設する上での課題を改善するサポート役の徹底が必要である。

■沖縄アリーナの事例

国内の数少ない事例として、民間視点で地域経済の活性化を目的に、行政側とプロスポーツクラブとで二人三脚の建設に至った沖縄アリーナについて、藤本・田中（2021）の研究内容をもとに考察を行う。

沖縄アリーナは2021年3月に完成した多機能複合型のアリーナである。建設の背景には沖縄県の観光産業推進があった。

沖縄市の地域課題は、県内第2の人口を有しながら市域の約35%が、米軍基地等の占有→中心市街地の空洞化→観光客誘致の資源に課題を抱える→素通り地域になる、という地域のポテンシャルを活かせていない現状であった。また、近隣地域では大型商業施設誘致やリゾートホテルの進出があり、その恩恵を受けていないことも課題であった。

ここが1つめの大きなポイント「地域課題の明確化」である。沖縄市は県庁所在地である那覇市や近隣地域に取り残されていることに危機感を持ち、課題に対するアプローチを真剣に考えた。そこで新たな観光施策の展開と他地域の差別化として、沖縄市が推進していたスポーツコンベンションの推進と大型イベント誘致を行うため、2016年に桑江市長の公約事業の1つとして1万人規模のアリーナ建設が始まった。建設費には、米軍再編事業の進展に応じて支給される「再編推進事業補助金」等を活用して約162億円で施設整備を行い、大きな決断をして課題に向き合った。

2つめのポイントとして「プロクラブの基盤力とコンテンツ力の高さ」がある。沖縄アリーナ建設にはBリーグの琉球ゴールデンキングスの存在が大きく、キングスはBリーグで人気実力ともにトップクラスであったことも大きい。Bリーグの平均観客動員数は約1500人だが、キングスは3000人を超える。コザ運動公園にある本拠地・沖縄市体育館はいつも満員御礼状態であり、沖縄独特の応援スタイルとアメリカと文化を上手くミックスさせ、独特のプロスポーツ文化と興業を根付かせている。

これが新興クラブだと波及効果が少なく、クラブの地域での存在感とビジネスの両面が成り立たないと、いくら素晴らしいアリーナを建設しても効果が薄くなる。同時に指定管理者として脆弱だと継続力がなく、最悪の場合撤退することになってしまう。そうならないためにも自治体としては指定管理者の見極めが重要である。

3つめが「設計前からの官民の協力体制の構築」である。これまではスポーツの公共施設は良くも悪くもあらゆる世代に対応すると同時に教育の視点を重視し、自治体メインで設計から建築、運営までされてきた。現在、民間が指定管理を指名され、運営することが増えてきている。

しかし、スポーツホスピタリティ商品を含めた本当の意味でのエンターテインメント性や顧客満足度を高めるためには設計前から、このような視点を取り入れてビジネスがしやすいような設計にしておかないと収益が生まれなくなる。これを沖縄アリーナでは設計前からキングスと沖縄市が入念な話し合いを重ねて、完成させた。

沖縄市企画部プロジェクト推進室知花氏は「このアリーナはこれまでの体育館のイメージを払拭し、とにかく観戦者の観る視点にこだわり建設を行いました」とコメントし、国内の少数事例となっている。

それはアリーナの基本構想にも出ており、「未来を創り、地域を活性化するアリーナ～夢を与え、感動を与え、未来を創っていく～」基本方針は以下である。

①バスケットボールを中心としたスポーツ興行を開催する「観せる」施設
②各種コンサート、コンベンション等を開催する「使いやすい」施設
③観客満足度を高め、より多くの事業主体に利用される1万人規模の施設

これに付随して施設の運営者もエンターテインメント性を追求するために、アリーナをメインで使用するプロスポーツクラブ琉球ゴールデンキングスを運営する沖縄バスケットボール株式会社が、アリーナを運営する会社「沖縄アリーナ株式会社」を設立し、２０１９年に指定管理者として選ばれている。建設のプロセスとして沖縄市とプロスポーツクラブが計画・設計段階から意見交換し、同時にイベント会社などのアリーナに関わるステークホルダーの意見を踏まえながら、建設が行われている。

また、沖縄市では建設の経済的効果として年間来場者数は沖縄市民17万８９００人、市外17万５００人、県外14万５０００人。事業収入は年間３億３０００万円、支出も同額と想定している。さらに指定管理料は年間４０００万円程度を見込み、経済波及効果は建設時約２６７億円、単年度運用時で約１３３億円と試算して、アリーナの目標設定を可視化している。

■民間視点とエンターテインメント

しかし沖縄アリーナを、これまでのスポーツ公共施設と比較して特徴的なのは、民間視点と「観る」視点に特化したことである。これまでのスポーツ公共施設は、大型であれば国内外のスポーツイベント誘致の短期的な視点、中小規模であれば県民の利益を重視した教育や福祉面での活用メインの視点が多かった。

これに対し沖縄アリーナは、設計段階から自治体予算を投入する正当性を重視し、県外からの効果に活路を求めて、少数のスポーツビジネス主体と連携しながら、これまでの既成概念にとらわれない建設を行った。

図4－1　沖縄アリーナVIPルーム

写真提供：沖縄アリーナ。

スポーツホスピタリティ施設も、ホスピタリティ商品やVIP専用のスイートルーム入り口やラウンジ、バーカウンターが整備され、1階コートから近い方がチケットの価値が高くなるのが一般的なところ、3階のスイートルームの価値が最も高くなることを意識して設計されている。

スイートルームは30室あり、内装や大きさ、イスの材質がそれぞれ違う11のタイプ別に分かれており、8名～28名まで大小の部屋が用意されている。**図4－1**はグレードの最も高いシートである。全部屋にモニターが設置され、ソファでくつろぎながらの試合観戦も可能で、いくつかの部屋は備え付けの端末からルームサービスも利用できる仕様になっている。また、アリーナに設置されている大型ビジョンの高さはスイートルームが一番見やすいように設計されており、スイートルームの価値を高めている。

実際、2022年から本格的に稼働したスイートルームは、顧客満足度が非常に高いようである。施設を運営する沖縄アリーナ株式会社のイベント誘致担当者にヒアリング調査を行うと「琉球ゴールデンキングスのホスピタリティ商品の稼働率や売上は公表されていませんが、満足度が高いことをお聞きしています。キングスさんのパートナー企業様の方が接待等にも利用され、ご好評をいただいているようです。また、他の大規模なスポーツイベントの利用時の満足度も高く、2022年7月に開催された格闘技イベントでは、スイートルームの商品が数日で完売しています」と述べている。

それではアリーナ利用者側として、どのようにスポーツホスピタリティを展開しているのかを琉球ゴールデンキングス（沖縄バスケットボール株式会社）の営業担当者に伺った。

「私どもは沖縄アリーナを本拠地としたことで、全体的なホスピタリティサービスを高めたいと考えています。なぜかというと、1つめは様々な階層のお客様に対して沖縄アリーナは色々なサービス対応ができる施設になったこと。これまでの体育館施設ではなかなかできないことでした。2つめは、年間唯一の観戦かもしれないお客様も多くいらっしゃる中で、ベストのサービスを提供しないとリピートしていただくことができません。特に高額な料金をいただくスイートルームでは、お客様の目は厳しいと思います。ゆえにスポーツホスピタリティは重要な位置づけになってきます。現在はパートナー企業とパートナーに関係するステークホルダーの方々にメインでご購入いただいています。非常に喜んでいただいていますが、まだまだ手探り状態です。常にベストのサービスを提供するためにトライ&エラーを繰り返し、アリーナ全体のホスピタリティを上げていきたいと思います。現在、我々はこの素晴らしいアリーナに助けられていますが、将来的には琉球ゴールデンキングスが沖縄アリーナの魅力を高められる最高のパートナーとして存在できるよう、ソフトコンテンツの魅力アップを図りたいと考えています」。

上記で述べているように、新しい施設ができれば初年度から3年くらいまでは物珍しさで来場してもらえるかもしれないが、全体的なホスピタリティサービスを充実しなければ、多様化するエンターテインメントの中では生き残っていけない。また施設が良いことはもちろんだが、それをメインで使用するコンテンツホルダーが施設の魅力を高める意識も重要であることがわかる。

沖縄アリーナは360度に設置された60台のカメラで同時撮影した映像を高速処理し、1つの瞬間を無数の角度から見直す「4DREPLAY」や510インチの大画面が中央に設置され、「観る」ことは非常に充実している。それに加えて、観る以外のホスピタリティ施設も充実している。

これについて沖縄アリーナ株式会社のイベント誘致担当者は「女性のお客様に対しては女子トイレの充実。例えばパウダールームの設置、トイレの空き状況がわかるアリーナ内のモニター設置やスマホでの情報配信など工夫を施しています。やはりスポーツ観戦ではトイレの混雑や配慮が課題となりますから、それらに対応しています。他にキッズスペースや車いす席、飲食エリアの立ち見スペース等も充実しています。観戦も非常に重要ですが、観戦以外でのホスピタリティや遊び心を大切にして、1度だけでなく2度3度と来場したくなるアリーナの魅力を発信したいと考えています」と仰っている。

このようにスポーツホスピタリティ商品を含めた収益性と満足度、そして経済効果を高めるような公共スポーツ施設は国内では限られている。また沖縄アリーナ株式会社のヒアリング調査からは、収益事業が主でありながらも、地域連携と自主事業も重要なポイントであることがわかった。特に若年層の世代育成や代表的な競技大会での協力は自治体と協力して行い、地域住民との関係構築に力を入れる。そうすることで沖縄市民にもアリーナの認知や普及を促進していく。

また施設がどれだけ優れているかを、指定管理者がＰＲすることも重要である。沖縄市はスポーツコンベンションシティ宣言を行っており、スポーツ合宿等に力を入れている。そこで指定管理者が自主事業を行い、地域内外への施設の魅力を向上することも欠かせないポイントとなる。これらが経済効果だけでなく、沖縄市の社会的効果向上にもつながる。この社会的効果をどのように伸ばしていくかが沖縄アリーナの課題でもあると担当者も仰っていた。

そのような中で沖縄アリーナは、コロナ渦でも２０２１年度、２０２２年度と収支のバランスは保たれている（沖縄アリーナの収支データは公表されていないため、ヒアリング調査から推測）。

このような動きが、これまでにないアリーナの設立を生んだ。地方都市が本当の意味で、地域外からスポーツビジネスを通じて経済効果や社会的効果を大きくする目的や目標があるのなら、民間が主役で自治体がそれを支える役割が一番望ましい。これは一般的に言われることだが、実際に実行するのは難しい。

しかし顧客目線でエンターテインメントとしての満足度を高め、１〜３のポイントを官民で確認し、スペース確保および法規制に対応することが重要なのではないかと考える。

Key Point

- 経済効果や社会的効果、域外からの交流人口を増やすのであれば、民間の視点を中心とし、自治体側はそれが達成できるように法規制や建設する上での課題を改善するサポート役の徹底が必要であり、その関係構築が重要
- 沖縄アリーナの事例から学ぶ３つのポイント「地域課題の明確化」、「プロクラブの基盤力とコンテンツ力の高

さ」、「設計前からの官民の協力体制の構築と規制を取り払うこと」
- これから公共スポーツ施設の目指すべき1つの姿として、顧客目線でエンターテインメントとして満足度を高めることが重要

3 コアファンとファンクラブの重要性

Q 地方都市の市場規模をどのように捉えて、拡大するのか？

■ファンクラブを分析する意義

地方都市は都市圏と比較して、スポーツイベントやプロスポーツにおける規模や機会、資源が乏しいことは第1章でも述べた。

しかし、それだけでは市場を拡大することはできない。拡大のためには、都市圏にない地域の歴史・文化・特色を出すしかない。特にスポーツホスピタリティ商品では、地域ならではの食材やアルコール類（地酒等）を提供したり、地元食器や家具を顧客に対して提供し、スタジアム・アリーナだけでなく、地域そのものをPRする機会をステークホルダーとともに主催者は創造しなければならない。

また、スポーツホスピタリティ商品の販売顧客として、第1の顧客となるのがスポンサー企業もし

くは地元企業である。スポンサーが接待や商談を行うためにスイートルームやＶＩＰ席を活用することが販売網としては考えられる。第2の顧客はコアファン層である。スポンサー企業も接待や商談で席を利用しない日がある。これをファンクラブの上位ランクもしくは年間指定席の購入者等に販売していくことが想定される。

このような販売を行うためにはデータを持っていないといけないし、またスポンサー企業とは別のニーズがあるだろう。

しかし、国内の現状でそのような準備はできているだろうか？

筆者としてはそれらを実行する前に、自分たちの商圏や市場、そしてファンのことを改めて見つめ直す必要があるのではないかと考える。スポーツビジネス界でもデータを活用するためにＩＴ技術を利用する動きが近年活発化し、データ収集や分析を行っている。

ただ、それが上手く経営や運営に取り入れられているかと言えば、疑問が残る。特に経営資源が限られる地方のクラブは、データ分析からの活用をなかなか実行できない。

拙著である藤本（２０２０）でも指摘したが、ＣＲＭ（Customer Relationship Management）＝データで顧客を分析するシステムの活用は、経営資源がないからこそ行うべきだと述べた。

現在、経済の動きとして紙幣等の通貨制度からクレジットカード、電子マネーのいわゆるキャッシュレスな世界へ移行しようとしており、スタジアム運営にＩＴ活用は欠かせない。

スポーツホスピタリティ商品を見ても、ファンや地域が現状どうなっており、どこに課題があるかを理解しないと、商品開発、営業、販売等ができない。ターゲットは誰でどんな人たちがいるのかを考える上で、重要な顧客層がいる。それが年間シート購入者とファンクラブのステータスが高いクラブ会員である。

なぜならこの顧客層は「チームの勝敗に関係なくクラブに貢献してくれる人たち」だからである。しかし、国内の現状はJリーグ誕生から地域密着型が定着し、スタジアムを満員にするために無料券を配布したり、チケットの価格を下げ、マスマーケティングに力を入れているクラブが多い。

確かにそれも1つの方法論だと思うが、クラブに多くのお金を落としてくれるのは誰か。それは間違いなく、年間シートの購入者とファンクラブのステータスが高いクラブ会員、いわゆるコアファン層である。それに加えてより広く考えると、本研究の主題であるスポンサーへの対応もどうだろうか。無論、地域の人々に愛されるクラブ作りが大切であり、それを否定はしない。

しかし、これまではそれらクラブへの忠誠心や貢献度が高い人たちに甘えてきた部分があり、その人たちのニーズ分析を疎かにしている部分があるのではないか。また、この節のテーマである市場規模を拡大するためには、ファンのデータ分析を行い、自分たちの現状を把握しないと時間とコストの無駄になってしまう。

やはり現状から課題を抽出し、そして行動していくのはマネジメントやビジネスを行う上でも基本である。また、スポーツホスピタリティ商品の導入や開発行う上でも、そうしたデータがないと失敗の危険性が高くなる。お客様が何を求めているのかを把握し、お客様に感動を与えることが、スポーツホスピタリティ商品の究極の目的であるからだ。

■広島ドラゴンフライズとのブースタークラブアンケート調査と考察

そういった部分から、筆者の研究室で広島県に本拠地を置く、BリーグB1の広島ドラゴンフライズと共同研究として2021－22シーズンにかけて行ったブースタークラブ会員（ファンクラブ）の満足等の調査を行い、そのデータをもとに考察をする。尚、この調査には本研究室の竹原圭祐君、高橋海太君、木戸崇博君にも参加してもらい、調査・分析を行った。

広島ドラゴンフライズは2013年に創設されたクラブだが、近年、力を付けてきており、2021－22シーズンの勝ち越しを決めて、西地区の6位に入り、売上や観客動員数などを含めてリーグとしては中堅クラブにあたる。また、広島県は全国でも有数のプロ・トップスポーツクラブやスポーツ資源がある地域である。

そのような環境下であるが、これまで詳細なファンクラブの分析が滞っており、シーズンによっては会員データの取り方や分析が曖昧になっていた。しかし、冷静に考えると全国的なクラブはほとんどそのような状況ではないか。プロスポーツクラブは世間の認知度からすると企業規模は小さい。そのような状況でデータを分析して処理をして改善につなげることよりは目の前の試合運営をどうするのかの方が優先されてしまう。

しかし、それは同時に非常に機会を損失していることにも気づくべきである。プロスポーツのファンはチームを好きであることを前提に試合を観戦に訪れるので、比較的にアンケートを答えてくれやすい傾向にある。それはデータ収集の観点からは非常にありがたいことであり、それを活用しない手はない。

そのような視点から以下の考察結果を見てもらいたい。

ファンクラブ全体の考察

今回のアンケート調査に至った経緯として、まず広島ドラゴンフライズはこれまでファンクラブ会員の分析が不十分であったと考える。理由として、2018-19シーズンまでの顧客データ（ファンクラブ会員）が存在せず、年齢層や性別のターゲッティングが困難だった点、会員の要望や意見等への傾聴ができておらず、コアファン層へアプローチするのに不十分だった点があると考えたからである。

現状、「新アリーナ建設」が掲げられている一方で、それに係る入場者数の面でも、成長傾向にはあるものの、会場の収容率を考えるとまだまだ少ないのが課題である。観戦者の中でも「ハマる」、いわゆるファンクラブ会員に焦点をあて、新規顧客が来場するきっかけの創出や、これまでのファンクラブ経営においても、さらなる収益拡大に繋げることが可能になると考えて調査を行った。

ここでは、広島ドラゴンフライズから公式に頂いたブースタークラブ会員の基本情報について見ていく。

まずクラブからいただいた公式データを基に、ファン分析（ブースタークラブ会員）を行う。2021-22シーズン（2021年12月6日時点）でのブースタークラブ会員数は2005人、うち扱うデータの標本数は、ダイヤモンドブースター138人、プラチナブースター132人、ゴールドブースター800人、ブースター682人、ジュニアブースターが253人である。

表4－2　広島ドラゴンフライズ入場者数

シーズン	成績	平均入場者数	成長率
2014-15	NBL 時代	1,184	—
2015-16	NBL 時代	1,349	13.90%
2016-17	B2 西地区 2 位	1,861	38.00%
2017-18	B2 西地区 3 位	1,946	4.60%
2018-19	B2 西地区 3 位	2,280	17.20%
2019-20	B2 西地区 1 位（第22節時）	2,327	2.10%

出典：筆者作成。

表4－3　各シーズンファンクラブ会員について

シーズン	会員種数	会費収益（万）	会員数	備　考
2014-15	3	430	680	ゴールド・レッド・ブルーの3種。
2015-16	3	483	812	ゴールド・シルバー・ブルーの3種。
2016-17	4	648	1,285	「ジュニア」が追加
2017-18	3	881	1,420	
2018-19	4	867	1,290	「ご当地メンバー」の新設
2019-20	1	760	1,360	グレードが一つになり、差別化が困難
2020-21	4	1,222	1,533	
2021-22(12/6)	5	2,277	2,005	最多の5種類、最高グレードは50,000円

出典：筆者作成。

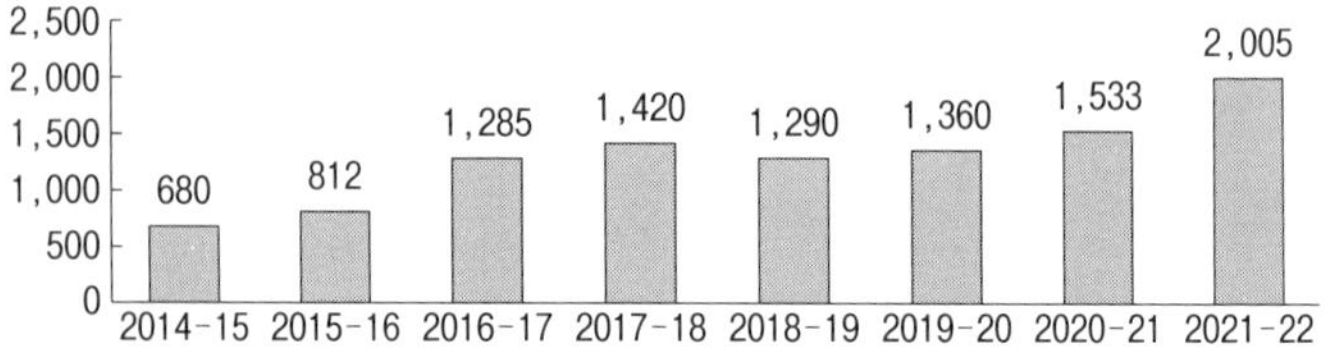

図４－２　各年度ファンクラブ会員推移

出典：筆者作成。

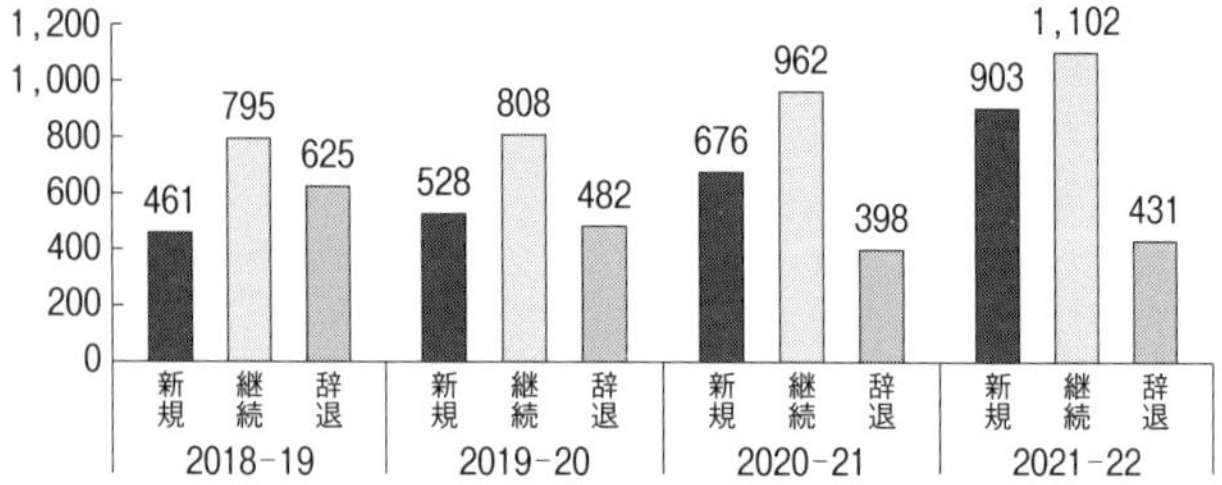

図４－３　ファンクラブ入会区分（新規／継続／辞退）

注：辞退者算出方法：前年度会員数から継続会員をマイナスした会員数。
出典：筆者作成。

各年度の推移（**図４－２**）を見ると、２０１９－２０シーズンまでは会員数が伸び悩んでいたが、Ｂ１昇格後は増加傾向にある。特に２０２１－２２シーズンは、Ｂ１のカテゴリーで勝利数が増えたことによるクラブ認知と、クラブ全体としてもバスケ競技力が向上してきたことが要因として挙げられる。

一方で**図４－３**のファンクラブ入会区分（新規／継続）に注目すると、各年度の会員数は増加しているにもかかわらず、会員辞退者も多いことが分かった。本調査で今後ファンクラブにおける収益拡大やバスケ文化の定着等、様々な目的を達成するためにも辞退者に目を向ける必要性がある。

アンケート調査結果の考察

これまでのファンクラブデータの洗い出しをするだけでも、コアファンの属性がよくわかる。プロスポーツクラブは人材リソースが限られているところが多く、改めてこのようなデータをまとめるのは苦労があるが、それを今後の経営資源として活かせる。

そのことを含めてアンケート調査を実施した。対象者は、２０２１年11月に福山で開催された広島ドラゴンフライズ公式戦を観戦したファンクラブ会員76名である（無作為抽出）。

アンケート対象者には、県内のスポーツ観戦状況、広島の愛着度、年間消費額、観戦頻度（回数やアウェイゲーム観戦回数）等の基本属性を聞き、基礎情報をしっかりと取得した。ここからスポーツホスピタリティ商品につながるデータを中心に見ていきたい。

次に、昨年度の試合会場内でのホームゲーム試合観戦回数と飲食等年間消費額についてが**図４－４**である。この表は、昨年度のホームゲーム観戦回数と会場内での年間消費額（昨年度の年間消費額という質問項目ではない）についてまとめたものであり、あくまで傾向を見るものとして分析を行う。

アンケート結果から、試合観戦回数に多少は左右されるものの「25回以上」以外の回答では、試合観戦回数に関わらず全体的に１０００円以下との回答であった。「15～25回以上」は「～1,000円」が66％を占め、会場内で飲食等を行っていないことが分かる。「25回以上」と回答した会員もバラつきはあるが、年間で25回試合観戦を行っているにもかかわらず1万円以下の飲食代であった。

次に年間グッズ消費額は**図４－５**の通りである。「～5,000円」が23票で一番多く、次いで「5,001～10,000円」が17票、「30,001～50,000円」、「10,001～20,000」が10票であった。「～5,000円」が最

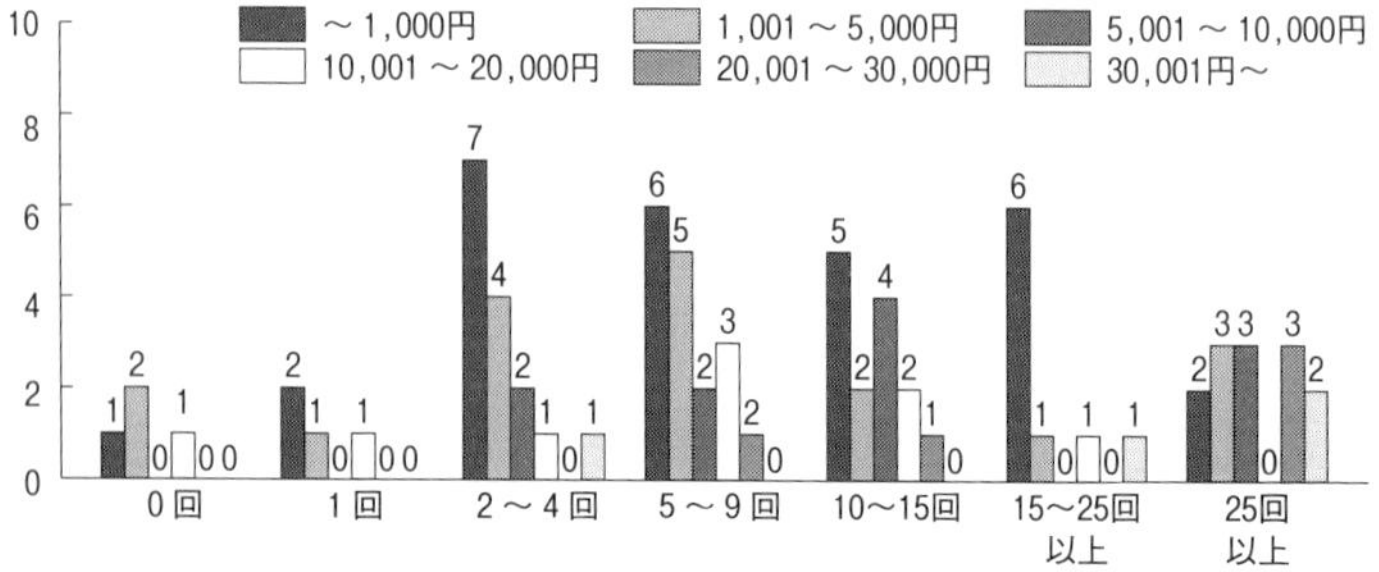

図4－4　2020年度試合観戦数と会場内年間飲食費（n=76）

出典：筆者作成。

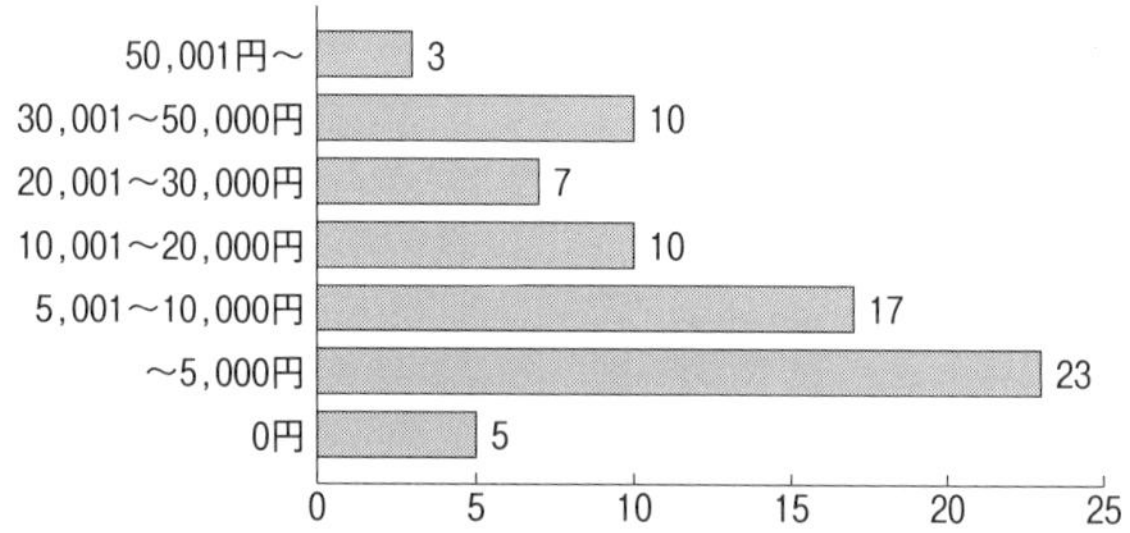

図4－5　2020年度年間グッズ消費額（n=75）

出典：筆者作成。

多票となったのは、試合会場で一体感を得るため会場内での着用が多いユニフォームや応援グッズ等の購入からと考えられる。「30,001 ～ 50,000 円」、「50,000円～」については、13人のうちダイヤモンド会員が7人、プラチナ会員が4人と比較的グレードの高い会員が多く見受けられた。

ブースタークラブについて

次にブースタークラブ入会のきっかけは**表4－4**の通りである。最多票は「広島ドラゴンフライズが好きだから」が62票、「何度も観戦しているから」が42票、「地元のクラブだから」

表4－4　ブースタークラブ入会のきっかけ

ブースタークラブ入会のきっかけ	3つまで選択可	最重要
広島ドラゴンフライズが好きだから	62	39
何度も観戦しているから	42	7
地元のクラブだから	41	10
入会後の特典に興味があった	35	9
好きな選手がいるから	12	8
家族・友人・知人の誘い	4	1
クラブ成績が良いから	1	1
試合でのサービスが良いから	1	1
周囲で話題になっているから	0	0
その他	2	0

注：選択項目から3つまで選択可。
出典：筆者作成。

が41票、「入会後の特典に興味があった」が35票であった。

意外にも、最も要因が大きいもので「入会後の特典に興味があった」は少なかった。ブースタークラブには入会特典の恩恵があることが最も大きなメリットと考えられるにも関わらず、「広島ドラゴンフライズが好きだから」や「地元のクラブだから」といったファンとしてクラブへの寄付感の強い回答が多く見受けられた。

「更なるブースター拡大のため、チームが取り組むべき必要事項」について、**表4－5**のとおりである。最大3つ選択可について、「チーム強化」が58票、次いで「新アリーナ建設」が36票、「試合外のイベント・サービスの充実」が25票、「広報面の強化」が21票という結果であった。最重要項目においては、「チーム強化」が39票、「新アリーナ建設」が15票、「広報面での強化」が6票であった。

最多票の「チーム強化」に注目すると、勝利数が

表4－5　ブースタークラブ拡大に向け、チームが取り組むべき必要事項

ブースター拡大のための必要事項	3つまで選択可	最重要
チーム強化	58	39
新アリーナ建設	36	15
試合外のイベント・サービスの充実	25	1
広報面の強化	21	6
ブースタークラブの充実	18	5
グッズの充実	18	3
試合中のイベント・サービスの充実	16	3
地域・社会貢献活動の促進	13	3
育成・普及活動の促進	10	1
その他	2	0

出典：筆者作成。

増えればプレーオフ進出や新聞・テレビ等のメディア掲載も増加し認知度向上にも繋がる。昨シーズンの広島ドラゴンフライズは9勝46敗とB1初年度から苦戦した状況が続いた。対して今シーズンは、昨シーズン得点王のニック・メイヨ選手や日本代表選出経験もある辻直人選手、京都ハンナリーズからは今シーズン日本代表に選出された寺嶋良選手の獲得など、チーム強化の面において順調であると考える。昨シーズンとの比較からB1でも勝つことができるクラブとしてブースター拡大に繋がっていると考察する。実際にクラブのブースター会員数も2021－22シーズンは大幅に増加傾向にある。

次に「新アリーナ建設」が多かった。背景として広島に新たなアリーナ建設を行うことで、話題性が生まれ認知度向上に繋がると考える。施設設備面では「観る」に重点を置いたVIPルームの併設や席種数の増加によって、コアファンも自由な観戦スタイルの追求が可能となる。そして会場内における消費行動に係る部分では飲食店舗やグッズショップが併設されれば、購入における消費行動に影響すると考える。年間で特にクラブのグッズ戦略においては、少数精鋭多種類のグッズ戦略や会場内での飲食において収益を最大化できていないため、新アリーナ建設による消費者の選択の自由に繋がる。あらゆる面で観戦者のアリーナ体験の価値向上に繋げることによる新たにコアファン層の創出へと繋がると考える。

「広報面での強化」は、広島ドラゴンフライズのブースター会員の分析から若年層（10・20代）が圧倒的に会員数として少ない背景から、若者に比較的目に映りやすいＳＮＳでの広報強化が必要になると考える。

本調査のメインテーマとなる「ブースタークラブの拡充」は、最重要項目で4番目となった。回答の傾向としては広島ドラゴンフライズの認知度を向上させることによる集客戦略においては十分と考えられる。しかし辞退者が多いブースタークラブ会員を更に増加させるにあたっての根本的な解決になるとは言い難いと考えるため、**表4－6**の満足度で深く分析する。

全体の傾向として、グッズ割引や先行販売、先行入場等、試合会場での使用頻度が高い特典ほど満足度が高い傾向にあり、試合観戦が多い会員にとってこれらは嬉しい特典の1つと考えられる。そしてファンクラブ特典として一般的なものほど満足度が高い傾向にあり、クラブが力を入れるグッズ関連や集客戦略に係るチケット配布、イベント等においては満足度が低い傾向にあった。

次に特典内容の課題点として、「モノ消費」に係るものが多いことが2つ挙げられる。1つめは試合に依存した特典内容が多いことだ。例として、先程のグッズ関連やチケット系特典等、満足度が高

表4－6　ブースタークラブ会員特典の満足度（全共通特典）※複数回答可（n=76）

特典内容	満足	割合	不満
グッズ10%OFF	53	69.7%	3
チケット先行販売	51	67.1%	1
イヤーブック	44	57.9%	1
先行入場	34	44.7%	2
スローガンＴシャツ	30	39.5%	8
特別イベント参加権	20	26.3%	1
フェイスタオル・バルーン・フェイスシール	17	22.4%	8
ポイント特典	14	18.4%	5
メルマガ配信	14	18.4%	1
チケット１階自由席引換券	13	17.1%	8
特になし	1	1.3%	38

出典：筆者作成。

いものはあるものの、あくまで試合ありきの特典で通年での特典利用はできないことが、一部会員の辞退に繋がっていると考える。

2つめは、「モノ消費」が多く「コト消費」へのアプローチが不足している点である。満足度の観点からプレミア感が大きいサイン入りユニフォームは82・8%と高かったが、その他グッズ特典は先ほど述べた通り満足度は低かった。そして会員のみが参加できる特別イベントも26・3%と満足度は低かった。一般的な考え方としてファンクラブに入会するとプレミア感や一体感を得ることができるが、現状ドラゴンフライズではそれを実現できていないのではないか。今後は「コト消費」、「トキ消費」に目を向け、体験によって満足度を高める要素をつくりだす必要があると考える。

このような調査結果を総合すると、今後の様々なファン戦略がわかる。特にコアファン層の分析は重要であり、スポーツホスピタリティ商品を開発、販売する時にこのようなデータがないと良い商品を創造することができない。しかし、地方都市のクラブは余裕がないのが現実である。ゆえに本調査のように大学とクラブが共同研究するなどの工夫をすることでデータ分析することもできる。

この節では、国内で行うときの大きな3つの課題について考察を行った。このような課題をクリアすることで、第2章、第3章で述べた欧米のような売り上げと顧客満足度を高めるスポーツホスピタリティ商品の効果を広げることができるのではないか。

Key Point

- 「チームの勝敗に関係なくクラブに貢献してくれる人たち」であるコアファン層を改めて見直し、CRM等を活用する
- クラブに対して忠誠心や貢献度が高い人たちに甘えてきた部分がある。お客様が何を求めているのかを把握し、お客様に感動を与えることがスポーツホスピタリティ商品の究極の目的だと改めて自覚すべきである

4 スポーツホスピタリティ商品の今後

第3章4節の提案でも述べたが、今後の国内展開、特にプロ・トップスポーツリーグ・クラブの目指すべき姿は、**図4-6**のような展開ではないか。

すでに、ラグビーワールドカップ2019では成果を残すことができている。国内でもスポーツマネジメントやスポーツビジネスの概念が定着し、地域密着型のスタジアム・アリーナビジネスで収益

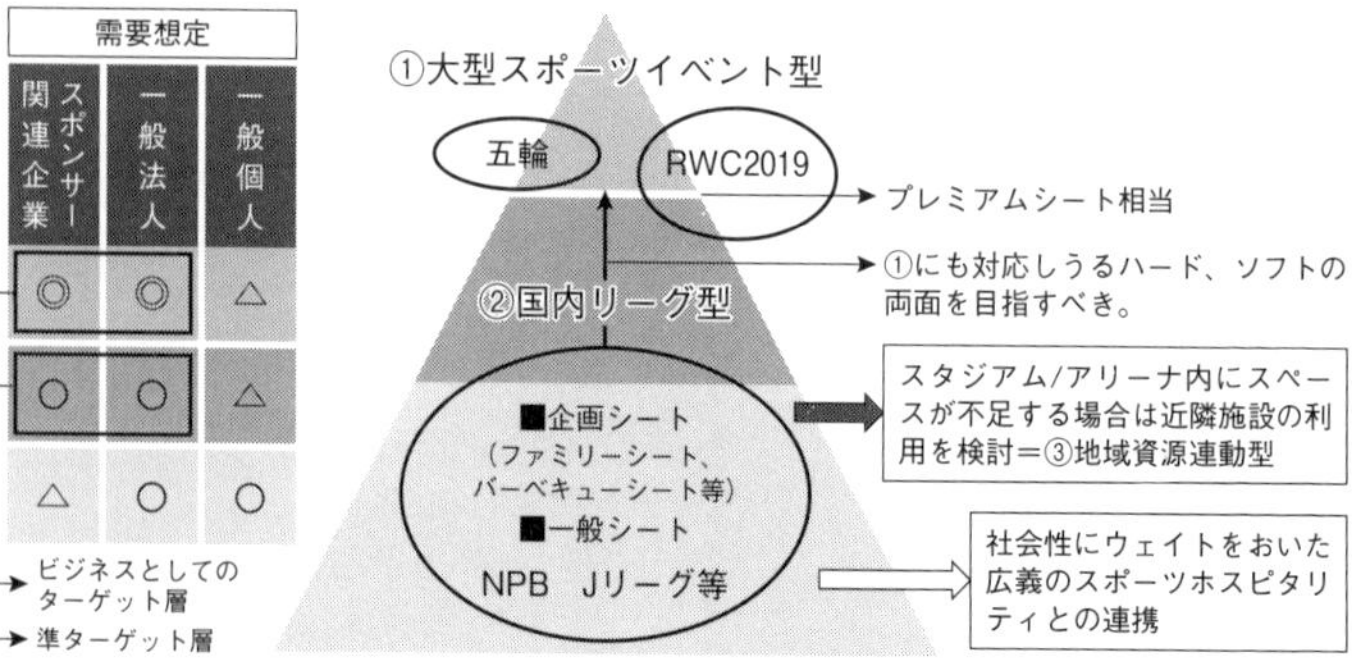

図4－6　スポーツホスピタリティ商品の目指すべき姿

出典：筆者作成。

化するため、企画シートや一般シートはどの団体も工夫や独自の取り組みを行っている。

しかしプロスポーツは「モノ」ではなく、「コト」のビジネスである。その収益を見るとスポンサーやコアファンによって多くを支えられている。その方々に対して、これまで黙っていても、何もしなくても、お金を出してくれていた時代は終わりに差し掛かっている。

むしろ、そのような人たちに対して付加価値をしっかりと提供する時代になってきた。パレートの法則（顧客全体の2割である優良顧客が売上の8割をあげているという法則）から見てもそうである。ゆえに大型スポーツイベントだけでなく、国内リーグがオリンピックやワールドカップのホスピタリティに負けない、もしくは独自のホスピタリティ商品を提供することが、今後の主要な収益源の1つになる可能性がある。また、同時に本章1節に書いた、静岡ブルーレヴズのように地域資源を活用した事例や、沖縄アリーナのように自治体と前向きに規制等を取り払って上質なエンターテインメントを提供する事例も出てきている。

そういった意味では図表にあるように、社会的効果にウェイトをおいた広義でのスポーツホスピタリティが重要である。次の最終章では、第1章から4章で述べたことをまとめ、今後のスポーツホスピタリティについて考えたい。

インタビュー

4 プロスポーツクラブからみるスポーツホスピタリティ商品の可能性

静岡ブルーレヴズ株式会社　代表取締役社長　山谷　拓志

栃木ブレックス（現宇都宮ブレックス）、日本バスケットボールリーグ、茨城ロボッツなど様々な競技や団体のマネジメントを行い、成果を出してきた山谷氏。今後のスポーツビジネス界全体の展望を含めてスポーツホスピタリティ商品の可能性を伺った。

―新型コロナウィルスが蔓延する前のプロスポーツやトップスポーツリーグのスポーツビジネスをどのように捉えていらっしゃいましたか？

個人的には新型コロナウィルス関係なく、スポーツビジネス分野は可能性に満ち溢れていると思います。しかし、まだまだ確立していないこと、変えないといけないことが多くあります。そして、私自身、一番変えないといけないのが、スポーツ関係者の「スポーツは稼げない」というマインドを持っていることです。これを変えないといけないと思っています。

―ウィルス蔓延後は東京オリンピックの無観客開催など「スポーツは稼げない」という意識がスポーツ関係者やステークホルダーに出てきていると思います。具体的にどのようにそのマインドを変えていかないといけないのでしょうか？

「自分たちで稼げない」という先入観を作ってしまっているんだと思います。

まず、プロ・トップスポーツの市場価値を上げるにはチケットの値段を上げるか、チケットの販売数を増やすしかありません。そこに果敢にチャレンジしていくことです。これはシンプルですが重要な部分で、そのために自分たちの付加価値を上げていかなければなりません。それにはまずお客さんに喜んでもらえる優勝を目指せる魅力的なチームを作ること。そして、魅力的なスタジアムやアリーナのハードとイベントや地域貢献などのソフトの両方が大切になります。そうすれば、必然的に価値が上がってスポンサーさんの数や金額も増えてきます。

そこを改めて見直していくことが大事だと思います。

ただ、それをすでに諦めている国内のクラブが多いような気がします。

例えば、自分のチームは資金力が無く2部リーグで競技性が低い、スタジアムが老朽化している、マーケットが地方都市で少ないなど勝手に過小評価している気がします。

自分たちの経営資源を改めて見直して、自クラブの強み弱みを出して、自分たちの価値を再認識する必要があります。そして、改めてチャレンジ精神が重要だと思っています。

—私どもが研究しているスポーツホスピタリティはそういう意味では、山谷社長が言われる「チャレンジ精神」の固まりだと感じています（笑）。

ＲＷＣ２０１９で本格的にスポーツホスピタリティ商品が日本で販売されましたが、スポーツホスピタリティ商品の印象についてお聞かせください。

非常にチャレンジングで新たな可能性を感じています。

プロスポーツクラブの経営では、客単価が高いチケット商品を売ったほうが、売り上げが増加しますし、効率的で利益も得やすいですよね。

だから、プロスポーツクラブの経営者は誰もがスポーツホスピタリティ商品を販売したいと考えていると思います。

しかし、当然ですが、その価格に見合うものをお客様に提供しなければなりません。ただ、普通のクラブであれば、「そのような施設やサービスができるのか？」と考えた時に「うちのクラブではできない」と考えて躊躇してしまう意見が多いのではないでしょうか。

その理由としては、まずハードの部分。ＶＩＰや団体席、特殊席を作りたいと思うが資金や施設の規約などがあり、それができないことがあげられます。

また、ソフト面では、そのようなサービスをする人材やノウハウが無いことです。それに加えて、そもそも「うちのクラブではスタジアムを満席にできない」だからスポーツホスピタリティ商品よりも通常のチケットに力を入れるのが先決だというようなクラブが多いと感じます。

ただ、そこには逆転の発想が欲しいですよね。施設の新設や改修ができないのであれば、五郎丸君が行ったプランのように地域の高級ホテルや旅館と連携すればいいです。人材に関しても、倉田さんが所属されているような専門の企業と連携しても良いですし、色々と考えるとできることがあります。

だからこそ、チャレンジすることが大切です。日本ではこのような分野やシーズンチケットなどの単価が高いもしくはパッケージにしてチケットをまとめて販売する分野は欧米に比べて非常に遅れていると思います。この辺りは本クラブも含めて本気で取り組んでいかないといけないと感じています。

―新リーグ開幕後、積極的にスポーツホスピタリティ商品を手掛けていらっしゃいますが、その背景や導入に至る経緯、また可能であれば運営、販売上のハードル等をお話いただければと思います。

チケットという試合を見る権利の価値の構成要素はフィールドの中にいる選手や監督の試合内容の魅力、スタジアム・アリーナのハードの魅力、食事やサービスなどのソフトの魅力になります。ここをプロクラブは何とかコントロールをして、最低限のクオリティを確保しなければなりません。ここを各リーグとクラブがしっかりと設定して、共有をし、お客様に対して観戦するマイナス要素をどれだけ省けるのかがこれから大事になってくると思います。

ただスポーツホスピタリティ商品の利益とコストをしっかりと計算しなければなりません。チケットの値段を上げてしまうと原価が上がってしまいます、そうすると毎試合、レッドカーペットを敷いて、豪華なシートにすると日本のスタジアムや体育館などは原状復帰しないといけないところが多いです。そのように時間とコストをかけて行っても利益が取れるという形にしないと意味がありません。

本クラブではそれでも挑戦する価値があると思い、実施しました。特に五郎丸君のプロジェクトは彼と何度も話して彼自身が責任を持って実施してくれました。葛城北の丸さんのご協力の上、しっかりとクラブに利益を得る方法を考えてくれました。しかも、試合が中止になるなどのアクシデントがある中で、飲食やサービスをお客様にしっかりと価値をわかってもらって来ていただきました。また、地元にとってもプロクラブをハブにして、地元の美味しい食材や観光地、高級旅館やホテルを売り出すのに非常に良いものになると思います。ラグビーは観戦者に比較的に富裕層の方が多いです。その人たちにラグビーを見てもらって、地元の美味しい食材や観光を楽しんでもらい、地域をプロモーションすることは非常に大切です。

来シーズンに向けて、地元の観光業や自治体など連携して、このプロジェクトをトライ&エラーをしながら本クラブの特長あるプロジェクトとして成長させていきたいです。

―そのようなスポーツとまちづくりとの連携をどのように考えていらっしゃいますか？

まず行政と協力関係を構築することが大切だと感じています。プロクラブはスタジアムやアリーナ建設などハードの関係で関わることが多くなります。本クラブの本拠地は税金が使われていませんが、先ほどのスポーツホスピタリティ商品など地域のプロモーションをして地域活性化の一翼を担わせてもらえると、信頼関係ができます。その上で、スタジアムを改修する必要ができた時に、地域にとってプロクラブが必要な存在であれば、税金を使う意味が出てきます。そのようにお互いの関係がＷＩＮ－ＷＩＮの関係構築をしていくことがこれから大切になってくると思います。

―地方都市のスタジアム・アリーナの新設・改修は多く行われています。スポーツホスピタリティを含めて、地方都市のスタジアム・アリーナを運営する点でどのようなことが重要になってくると思いますか？

プロ野球では日本ハムファイターズの新スタジアム、Ｊリーグでは長崎の新スタジアム、Ｂリーグでは沖縄アリーナ。プロスポーツを活用した地域活性化を街全体で一体的に行う事例が日本でもどんどん出てきています。

このようなスポーツの価値を分かって、成功事例を示してあげることが一番だと思います。先ほど述べた信頼関係を構築できると思いますし、各ステークホルダーがスポーツを活用しやすくなります。

だからこそ、今の段階でスポーツビジネス界は様々な分野で挑戦をしておく必要があると思います。その意味で、スタジアムやアリーナに投資してもらうのであれば原点に戻らないといけないと思います。

それは強いチームを作り上げることです。これは勝利至上主義ではなく、お客さんに喜んでもらうチームを作ることを改めて考える必要があると思います。あまりにも社会・地域貢献に偏り過ぎると本来の試合の魅力が失われます。無論、赤字を出し過ぎて経営破綻をするのは論外ですが、チームに投資できるように稼ぐ力をつけることが大切です。ただ、現状、それを放棄して地方創生などの言葉に頼り切って、チームを強くすることをあきらめているクラブが多い気がします。

私としてはそこの原点を忘れてはいけない気がします。

―最後にスポーツビジネス界を目指す若者に一言お願いします。

ここ20年あたりでスポーツマネジメントやスポーツビジネスが注目されるようになりました。そのようなことを学べる大学も増えました。

スポーツホスピタリティ商品など様々な分野も増えてきています。非常にタフな業界ですが、スポーツは非常に魅力があります。本クラブも地域の大学様と連携していますが、理論と実践をしっかりと学んで一緒にスポーツ界を支えてくれる若者がどんどん増えてくれると嬉しいですね。応援しています！

Profile

1970年東京都生まれ慶応大卒。大学時代はアメリカンフットボールの学生日本代表。卒業後リクルートに勤務。リクルートシーガルズでプレー後2005年からリンクアンドモチベーション社に転職し2007年にBリーグ栃木（現宇都宮）ブレックスの代表取締役就任。その後日本バスケットボールリーグ専務理事、Bリーグ茨城ロボッツ代表取締役を経て2021年より現職静岡ブルーレヴズ株式会社 代表取締役社長。

第5章 スポーツホスピタリティの将来性

1 社会・地域課題を解決するスポーツホスピタリティの社会的効果

■今後のスポーツホスピタリティに関するキーワード①

SDGsとスポンサーシップ

これまでスポーツホスピタリティに関し、様々な視点や事例等を考察してきた。終章では、これからのスポーツホスピタリティについて考える。

スポーツホスピタリティ商品については、第2章から第4章まで様々なことを述べてきた。しかし、これを受け入れる体制づくりや社会の認知、理解が必要ではないか。「はじめに」でも述べたが、スポーツホスピタリティ商品は「富裕層、いわゆる「お金持ち」への優遇商品」だと思われるかもしれない。確かに、一般的なチケットよりも付加価値を高めて高価格帯の商品として販売するのであるから、そうした部分も一側面としてあり、日本の文化や気質としてこのような商品は受け入れられにくいかもしれない。

しかし、本書での広義の定義である「スタジアム・アリーナを通じて、スポーツサービスを提供する組織・団体を核にスポンサー、地元企業、ファン、地域住民等のステークホルダーを連携させ、社会・地域課題を解決する「共通価値の創造」を生み出すもの」として捉えれば、社会変革の1つのきっかけとなるのではないか。

これまでの日本社会は、中間層の生産年齢人口が社会を支え、経済発展を支えてきた。しかしそれが少しずつ限界を迎え、新型コロナウィルスの蔓延が変革の必要性を教えてくれた。

スポーツ界でも、安価なチケットを中心にスタジアムを満員にさせるマーケティング手法の見直し時期が来ている。その中で、社会が変革する基軸としてＳＤＧｓがある。同時に本書でもキーワードとして挙げた、スポンサーとの関係性も見直さなければならない。これはＪリーグが誕生した１９９０年代からの地域密着型スポーツビジネスをもう一度見直さなければならないことにも重なる。

つまりこれまでは、一社が独占してプロ・トップスポーツクラブを経営・運営する親会社型の経営・運営は好ましい形ではないとされてきたが、Ｊリーグ誕生から約30年経つ今でもその形は多く、親会社やメインスポンサーに頼るところは大きい。

そうであるならば、親会社やスポンサーにしっかりとした形で経済と社会的効果を示すことが重要であり、それを示せなかったことがスポンサー撤退の大きな理由の1つになるのではないかと考えられる。すなわち、これは一側面からは「スポーツに価値がない」と言われているのに等しい。そこで、国内ではファンや地域に対してのマーケティングや在り方を考えてきたが、スポンサーに対するビジネスメリットやパートナーとしての在り方は研究されてきたのかと言われれば、前者が圧倒的に多い。またスポンサー企業に対して、これまではスポンサーになるメリットや効果の多くを観客数や視聴率、PV数等の広告的に価値換算した経済的価値が主流であったところを、新型コロナウィルスが蔓延したことを契機に人々が社会的価値によりフォーカスを置くようになっている。

だからこそ、スポーツ界もスポーツビジネスの在り方を考えるターニングポイントを迎えたのであり、そのキーワードがSDGsなのである。

現在、スポーツ界でも一般企業でも、SDGsはボランティアや社会貢献活動のような位置付けで、社業のコアビジネスとしては考えない、またはそのような意識がないところがほとんどである。SDGsに関し、筆者は藤本ほか（2020）で中核都市の企業意識やスポーツイベント開催の意義を調査した。

それによると笹谷（2018）は、SDGsは企業経営に次の5つの点で役立つとする。

①将来のビジネスチャンスの見極め
②企業の持続可能性に関する価値の向上
③ステークホルダーとの関係強化、新たな政策展開との同調
④社会と市場の安定化
⑤共通言語の使用と目的の共有

地方都市の中小規模の企業にとっては、特に①から③の観点でSDGsは有用であると考えられるが、これらを意識し、自社のコアビジネスに積極的に組み込む動きは、今回の調査対象とする広島県の企業にはほとんど見られなかった。広島県では、県として推進する方策の一環として県内企業の取り組み事例集を作成しており、また企業からの問い合わせも増えているとのことで、既存の事業を見直してSDGsの関連するゴールと結びつけて発信するといった形で取り組む企業が多い。

それでは行政機関でのスポーツとSDGsの関係はどうなっているか。スポーツ庁は「ビル&メリンダ・ゲイツ財団」とパートナーシップを結び、2020年東京五輪・パラリンピック開催に向け、SDGsへの取り組みを強化してきた。さらに日本は2019年に「Our Global Goals」プロジェクトを発足し、アスリートにSDGs達成に向けたアンバサダーとして活動することを呼びかけた。東京五輪の運営でも、SDGsによる地域活性化の取り組みが組み込まれた（「都市鉱山からつくる！みんなのメダルプロジェクト」等）。行政の取り組みがスポーツSDGsを牽引している印象があるが、直接の聞き取り調査からはその難しさも垣間見えた。

行政を含めて、スポーツ界全体としてSDGsにどう接し、どう活かしていくかについては、JリーグクラブのY.S.C.C横浜の取り組みが挙げられる。現在、Y.S.C.Cは、本拠地である横浜の貧困層への健康支援や、貧困をテーマとしたエキシビジョンマッチの開催、途上国へのサッカー用品の寄贈等、SDGs貢献を明示的に掲げた様々な活動を行っている。

Y.S.C.Cは、これまでの長く様々な取り組みがすべてSDGsと関連性が深いことが前提としてあるが、地域スポーツイベントでも同様にSDGsを利用して地域住民や企業、団体とつながることで、持続的に地域に必要とされるイベントとなれると考えられる。

これらの取り組みは、第3章のスペシャルインタビューで登場したFC今治とデロイトトーマツの活動にも重なる。

これまでプロスポーツクラブのスポンサー営業は横のつながり等で相手方に出向き、頭を下げる、もしくは広告的価値を元にして成果を得ていた。しかし、これからはスポンサーメリットをよりPRすることが重要ではないだろうか。その大きなメリットとして、ビジネスの商談や福利厚生等、会社内外へ好影響を及ぼすスポーツホスピタリティ商品があり、さらにSDGsを意識したプロ・トップスポーツクラブとの社会的効果を上げる活動を共に創り上げることである。

その具体的な事例は第2節、第3節で述べるが、スポーツホスピタリティの広義の定義として、日本型のスポーツホスピタリティ商品を定着させるためには、現在、社会のキーワードとなっているSDGsを絡めた活動が重要になると考えられる。

■今後のスポーツホスピタリティに関するキーワード②

社会的インパクト評価とSROI

それでは、そのスポーツにおける価値を算出するとき、社会的効果を数値やお金として表せるのか？

一般的にはスポーツの経済的効果とは、スポーツイベントや試合の開催、キャンプ地となったことで得られる宿泊や飲食等の収入、地域におけるスポーツ産業発展といった数値で測れる効果を指す。

一方、社会的効果とはノウハウの蓄積や人材育成、地域コミュニティの形成、住民の健康や幸福度、国際交流、地域文化・情報の発信といった、数値化が難しい多様な効果を指している。

これを見ると、社会的効果に挙げられたものは個々人で捉え方が非常に異なり、かつ抽象的な分野になっている。しかし現代社会は、経済的な豊かさよりも地域コミュニティ等の内面の豊かさを求める時代になっており、どれも重要な分野だと言える。だからこそ、そのような研究も進んでいる。

その1つとして、社会的インパクト評価がある。内閣府(2015)によると社会的インパクト評価とは「担い手の活動が生み出す「社会的価値」を「可視化」し、これを「検証」し、資金等の提供者への説明責任(アカウンタビリティ)につなげていくとともに、評価の実施により組織内部で戦略と結果が共有され、事業・組織に対する理解が深まるなど組織の運営力強化に資するもの」とある。

これを基軸に日本経済研究所は、スポーツ庁の委託事業として2019年に「社会的インパクト評価の手法を用いたスタジアム・アリーナ効果検証モデル検討」の報告を行っている。この報告は、現在スタジアム・アリーナが「当該施設における来場者数や消費の増加のみならず、周辺地域における交流人口や消費・税収の増加、地域アイデンティティの創出等、その周辺地域にも様々な経済的・社会的効果をもたらすもの」として扱われているが、その後の効果検証や建設時の住民や議会の説明等、説明責任を果たすための定性・定量データを測定・把握する取り組みが不足していることから行われた。報告の中で重要視されたのは、ロジックモデルの策定である。この報告書でのロジックモデルとは「もし~ならば、こうなるだろう」という仮説のもと、資源、活動、直接の効果、初期・中期・長期の成果の流れを整理したもので、事業が成果を上げるために必要な要素を体系的に図示化したものとなっている。

これは、事業目標であるビジョンを具現化するため、ＰＤＣＡで言えば短期、中期、長期で何を計画して、何を実行するのか、そして良くも悪くも実行したことを分析して改善するという一連のスキームと評価を明示することで、事業計画と実行の効果検証をしっかりと行う。さらに資源としてインプットしたものが、諸活動を経て直接効果としての「アウトプット」となり、それらのアウトプットがもたらす変化「アウトカム」が評価対象ともなる。

ロジックモデルを作成することで、前述した事業の効果検証時に何を測るのかがわかり、事業主体者としても自分たちの振り返りができる。このような社会的インパクト評価等を活用して、スポーツホスピタリティ商品はもちろんのこと、各事業がクラブやスタジアム、そして地域全体として何をしてどのように動き、どのような効果が出たのかを検証しやすくなる。

また、そういった手法の1つにＳＲＯＩもある。ＳＲＯＩに関しては、第3章の里崎氏スペシャルインタビューでもあったように、現在注目されている評価手法である。デロイトトーマツＨＰによると、ＳＲＯＩ分析とは「ステークホルダー参加型の評価手法であり、事業実施により生じる社会的・経済的・環境的変化を、市場価値に当てはめて変化の価値を定量的に可視化するもの」としている。

インタビューとあわせて読んでいただきたいが、「社会的投資利益率（％）＝一定期間の社会的成果÷投下された資源額」というＳＲＯＩの数式から投下された資源をインプットとし、活動をアクティビティ、結果をアウトプット、成果をアウトカムとしてロジックモデルを構築する。例えばスポンサー企業にその数値を報告したり、営業活動に使うことを目的にＦＣ今治とデロイトトーマツは調査を行った。

ＦＣ今治は「次世代のため、物の豊かさより心の豊かさを大切にする社会創りに貢献する」ことを企業理念として掲げており、クラブ運営以外に育成・普及事業、ホームタウン活動、アースランド・野外教育・その他の活動を実施している。

この中で、ホームタウン活動でのＳＲＯＩは２・６倍と分析された。里崎氏のインタビュー調査によると、予算規模が小さいものの他事業よりも社会的投資効率が高く、今後予算規模を拡大することでさらなる社会的インパクトを高められるのではないかと分析された。このように、それぞれの事業を客観的に数値化すると、どの事業に投資すべきかがわかりやすいし、同時に社会的な活動も推進しやすくなる。

国内でも少しずつＳＲＯＩの研究が進んでおり、研究報告等がされている。ただＳＲＯＩには統一基準が定まっていないなどのデメリットが指摘されているが、今後の研究や事例の積み上げで一般化できる可能性がある。

そのようなことをふまえても、社会的効果を意識したスポーツホスピタリティ商品の開発や効果検証は不可欠であると考える。

2 地方都市と都市圏のホスピタリティパッケージ

■複雑化するスタジアム・アリーナ建設に対するアンサーは？

前節の今後のスポーツホスピタリティの意義や社会的効果をふまえながら、2節と3節では今後、注目したいスポーツホスピタリティ商品の在り方について考察したい。また、2、3節は2021年度、2022年度の日本スポーツ産業学会の企画コンペに提案したものであり、それらの内容を中心に述べたい（藤本・倉田 2022、藤本・倉田・杉岡 2022）。

まず、この節では地方都市と都市圏、それぞれのスポーツホスピタリティの今後について検討したい。地方都市のスタジアムの課題として、都市圏と比べてヒト・モノ・カネなどの経営資源が少ない。これは周知のことだと思うが、それに甘んじてはならない。

特に、地方都市は生き残りをかけてシティプロモーションをする中で、「スポーツ」はキーワードとなっており、特にプロ・トップクラブの設立やそれに付随したスタジアム・アリーナの新設・改修がある。

ただ、ハードルになるのが収益性である。地方都市は過去に大型のスポーツイベント等で赤字や成果を残せていないスタジアム・アリーナが多く、本当にスポーツで地域活性化できるのか疑問視されることは少なくない。特に建設・改修を行う主体者（多くは地方自治体）はその課題について地域のステークホルダーに対して、説明を行うことが求められている。

さらに主体者を複雑にしているのは、収益性をはじめとした経済的な効果だけでなく、スポーツ庁がスタジアム・アリーナ効果検証モデルとして示している健康寿命を延ばすような身体的な成果、ストレスが減るなどの精神的な幸福度（ウェルビーイング）の成果、地域への愛着度やコミュニティの醸成を高める社会的な成果を含めた社会的な効果の説明も求められ、スタジアム・アリーナ建設の意義は複雑化している。

その課題に対して、2つの領域に注目した。1つはスポーツホスピタリティ商品を含めたスタジアムの付加価値創出である。昨今の時代背景から観戦者やファンはスポーツコンテンツに対しても求める質が高くなっている。ゆえに主体者は勝敗に左右されることのない「負けても楽しいスタジアム」の実現が急務になっているのは、自然な流れである。

また、その動きは国全体で推進され、スポーツ庁が2015年に設置された後に加速している。スポーツ庁は「スタジアム・アリーナ改革」を重要施策として打ち出し、前述したように建設・改修が行われるようになった。ただ、スタジアム・アリーナ建設後のソフトコンテンツに関して課題が残り、国内での運営やサービスの研究や効果検証は道半ばである。

加えて、スタジアムを密にできない中でライトなファン層はもちろんのこと、プロスポーツクラブの収益を多く占めるスポンサーやコアなファンに対してどのようなサービスを提供できるかはクラブの経営上、非常に重要な事項となっている。

このような2つの領域の課題をふまえて、1つは地域の隠れる資源・連携と最新テクノロジーの融合に目を向けた。地域活性化を行う上で、地域内では目を向けられないものを本企画のプロジェクトチームでは外部の目から探索を行い、国内外のユーザーにPRをしてオンリーワンのサービスを確立させる。そして、そのサービスを最新テクノロジーによってスタジアム・アリーナに来場しないでも提供してもらえる環境づくりをする。

2つめには苦難を強いられている観光業・飲食業等と提携を行うことである。前章でも述べてきたが、このような業種と連携することで、国内で遅れているスタジアム・アリーナのソフトコンテンツ、特に飲食サービスやおもてなしの分野が改善され、今後のクラブやスタジアム・アリーナの運営により良い効果を生み出すのではないか。また、同時に苦難を強いられている業界も新たなビジネスチャンスを生み出すことができるのではないかと考える。

■地域の特色を前面に出す地方都市のホスピタリティパッケージ

それでは、地方都市ではどうスポーツホスピタリティ商品を推進するのか？　地域特性がはっきりしている日本においては、地元産品を食事や家具・食器などにふんだんに盛り込むことにより地域産業にも貢献できることが想定される。くわえて新型コロナ対応については、観戦時や食事時に不特定多数が接近して着席することはなく、限られた身元のはっきりとした人物だけが集まる空間での観戦という意味では、安心してスポーツイベントを楽しむことができるメリットもある。

しかしながら、大都市に比べ全体的な経済力に劣る地方都市では、ある一定程度の需要は想定されるものの、大掛かりな商品体制は過大供給となる恐れがあることはすでに述べている。

表5－1　新たなスポーツホスピタリティの提案

	スタイル	設定場所	手法	ターゲット	ポイント
1	地方スタジアム内のホスピタリティパッケージ	ホームスタジアム内	球場内VIPルームを活用した今後発展性のある一連のヒューマンタッチプログラム	・地元スポンサー ・地域企業 ・地元富裕層等	従来型のホスピタリティスタイルを継承し、スポーツを活用したソーシャルの世界を演出
2	大都市におけるホスピタリティパッケージ	大都市圏にある有名ホテルやレストラン	テクノロジーを活用した遠隔地でも楽しめるデジタルプログラム	・地元出身者 ・遠隔地在住ファン ・チームにゆかりのある大都市圏企業等	郷土愛を演出するとともに、スタッツ表示やアクショントレース機能（映像分析）等で異空間を創造。関心度のたかい情報提供することにより、地元へのロイヤリティを強化

出典：筆者作成。

さらに大型のスポーツイベントが開催されるケースは少なく、通期を通して行われている定期的（プロ）スポーツイベントに限られる。したがって地方チームのコンテンツを活用したスポーツホスピタリティ同様のサービス提供を大都市圏内で行うことにより収益性確保が想定できるのではないかという仮説に立ち、日本独自のリモートスポーツホスピタリティを提案したい。

表5－1にまとめているように、コンセプトは通常スポーツホスピタリティ商材と同様だが、実際のスタジアム内ではなく大都市における高級ホテルのファンクションルームなどを活用し、かつ日本独自のテクノロジーを駆使し、リアル以上のインパクトのある演出を取り入れることによって、イベント価値を保持するものである。こうした付加価値をともなうパブリックビューイングともいえるリモートスポーツホスピタリティは過去事例が少ないが、地方のコンテンツホルダーへの大都市部からの資金回収

手段として活用できると想定する。

地元密着型の地域ロイヤリティを発揮できる商材としたビジネスモデルを創設する。必須条件としては、スポーツホスピタリティが運営できる空間やキッチンなどのバックヤードを含むスペースの存在が不可欠である。

■大都市におけるホスピタリティパッケージ

地方都市に対して、資源のある大都市の今後のホスピタリティパッケージはエクスクルシーブ空間における高級パブリックビューイングとなる。同商材に不可欠な要素は放映権の交渉である。ＦＩＦＡではサッカーワールドカップ時に商業用パブリックビューイングの価格リストをオープンにしているが、日本国内では極めて情報が少ない。

ただし、こうしたホスピタリティ商品は元々が費用の積み上げ式でなく、市場に受け入れられる価値があるかどうかがポイントであるため、地方チームの試合を大都市で観戦しながらビジネスリレーションの深化が図れるならば、ある程度放映権料を販売額に加算しても購入されるマーケットが存在するものと想定する。映像分析をはじめとするテクノロジーの活用によって、音響・照明技術を駆使しながらリアル観戦以上の興奮と感動を提供できる空間を想定し、リアルにない付加価値を演出したい。

また大都市のホテル内のファンクションルームや有名レストランを利用するため、維持費はかからず賃料だけですみ、かつ駐車場やスタッフ等、ある程度ホスピタリティ提供側のリソースで運営できる強みもある。

このような新たなスタイルのスポーツホスピタリティ商品を提供することにより、大都市で活躍する地方都市出身の法人や高所得者層に対し、地元へのロイヤリティの維持、推進がはかれるものと想定する。

このような提案に関して、すでに類似したオフサイトスポーツホスピタリティ商品が2022年6月、ラグビーの国際試合フランス対日本代表戦初戦を豊田スタジアムで行った際に販売されている。凸版印刷株式会社は、公式オフサイトホスピタリティということで、300キロ離れた東京渋谷のレストランを貸し切り、大型スクリーンで生中継を見ながら有名OB選手とともに飲食を楽しむプランを発売、ほぼ満席の盛況ぶりとなった。

デジタルツールの発展により、今後もこうしたオフサイトでのスポーツホスピタリティ商品の開発が期待できる。今後のDX発展に伴い、リアルあるいはリアル以上に迫力のある臨場感あふれるシーンの演出や、天候に左右されない快適で感動を呼び込む空間設計が可能になっていくことが予測される。

このように地方都市や大都市圏それぞれの特色を理解し、活用することはこれまでのスポーツホスピタリティ商品の可能性を広げることになる。

いずれも地域を巻き込んだ商流が想定され、かつコロナ禍で最も影響を受けた飲食・観光業界への貢献も考えうる仕組みである。筆者の概算だが、やや楽観的ながら最終的な年間総需要はJリーグとBリーグで約32億円の売り上げとなる。NPBであれば対象試合数が多く、これを含めると合計年間

50億円に達すると想定している。

3 スポーツホスピタリティ×ユニバーサルツーリズムから創られる新たな社会的効果

■発達障がいの子どもたちを支援する新たなスポーツホスピタリティ

前節に引き続き、2022年度の日本スポーツ産業学会アイディアコンペ（最終候補作品として選出）の提案内容をもとに述べたい。

これまで地方都市と都市圏それぞれの展望について述べたが、本節のアイディアは第1節で述べたSDGs、SMPI、SROI、そして社会課題と社会的効果を意識した将来のスポーツホスピタリティの形について考える。

前述したが「スポーツホスピタリティ」と聞くと、福祉分野として見る方もいるかもしれない。しかし、これまで述べたことはスポーツビジネスや「みる」スポーツ分野の視点からが大半を占めている。ただ、この節の考察では、ある意味で広義のスポーツホスピタリティから考えると福祉分野、またはまちづくりにも繋がることがわかる。そのような研究プロジェクトの企画概要について見ていきたい。

本プロジェクトを発足する上で、研究課題は大きく3つあった。

1つはウィズコロナからのスポンサーシップとツーリズムの見直しである。これまでのプロ・トップスポーツクラブやイベント主催者のスポンサーシップは、自社の広告効果や親会社・地域等のつながりで実施されてきた。しかし、新型コロナウィルスの影響で企業経営が苦しい中で、これまで以上にスポンサー収入を獲得するのが困難になる可能性がある。一方スポンサー側も、これまでの宣伝効果や取引先とのリレーション作りといった一義的な経済効果のみならず、SDGs等の観点からスポーツを通じた社会貢献に配慮する商材を求める傾向にある。スポーツツーリズムの観点からも、これまでのツアーの企画や合宿誘致、イベント開催等でこれまで以上に様々な観点を考慮しながら開催しなければならない状況にある。

2つに新たな観戦施設の運営面での課題である。新型コロナウィルスが蔓延する中でも、国内ではスタジアムやアリーナの新設や改修が行われている。その中で、欧米等の事例を参考に多様性を尊重した観戦スタイルを考え、スタジアムやアリーナ内にセンサリールーム（聴覚・視覚など感覚過敏の症状《発達障がい児に多い》がある人やその家族が安心して過ごせる部屋）を設置する施設が増えている。

しかしそのセンサリールームを活用する運営ができている事例は少なく、また運営するにしても様々なノウハウや状況判断をしなければならず、プロ・トップスポーツクラブやイベント主催者だけで運営するのは困難であり、稼働率が低くなる可能性がある。

3つにスポーツ人口拡大の課題ならびに、より長期にわたる解決すべき社会課題へのアプローチである。この研究の背景とも重なるが、現在、社会課題となっている発達障がいを持つ児童・生徒・学生への「社会側の認知・理解・支援の不足」があり、それらの子どもたちはスポーツ実施に困難な状況にある。さらにその現状が将来的に「不登校、引きこもり、未就労」に繋がり、将来の日本経済や社会に大きなマイナス影響を及ぼす可能性があるのではないかと研究チームは考えた。

■方向性とスキーム

社会課題として認識した上で、発達障がいの子どもたちの現状をみると、発達障がいに認定される学童や児童は右肩上がりに増えている。日本学生支援機構の調査によると２００６年度の１２７人から２０１８年度には６０４７人と増加した。また加茂・東條（２０１０）によると、発達障がいを持つ人の不登校の割合は、低いもので5％前後、多いもので40％以上にも達する。そうすると不登校から引きこもりになり、結果的に社会との繋がりやきっかけが掴めないまま未就労となる可能性が高い。これらの社会課題に対して専門的な就労支援団体も増えているが、現状としては不十分な状況にある。

ゆえに本研究プロジェクトは、キーワード「誰一人取り残さないスポーツシーン―― Leave no one behind in the stadium/arena ――」を掲げた。現在、発達障がいを知らない世間の認知不足が相手への接触回避や過剰攻撃を作り出しており、それが無関心（見て見ぬふり）や分離分断につながる。まずは知ること、知ろうとすることがお互いの理解のために必要不可欠である。

そのような社会課題の現状をふまえ、本プロジェクトはそのキーワードを体現するために「産官学民」の専門チームを結成し、運営スキームを考えた。

２０００年代に入り、ラップ・ゴスチャが提唱した「The Strengths Model」がＷＨＯ等の世界機関にも広がり、障がい者本人の、弱みではなく強みやポジティブな特性を見つけ出し、その強みを

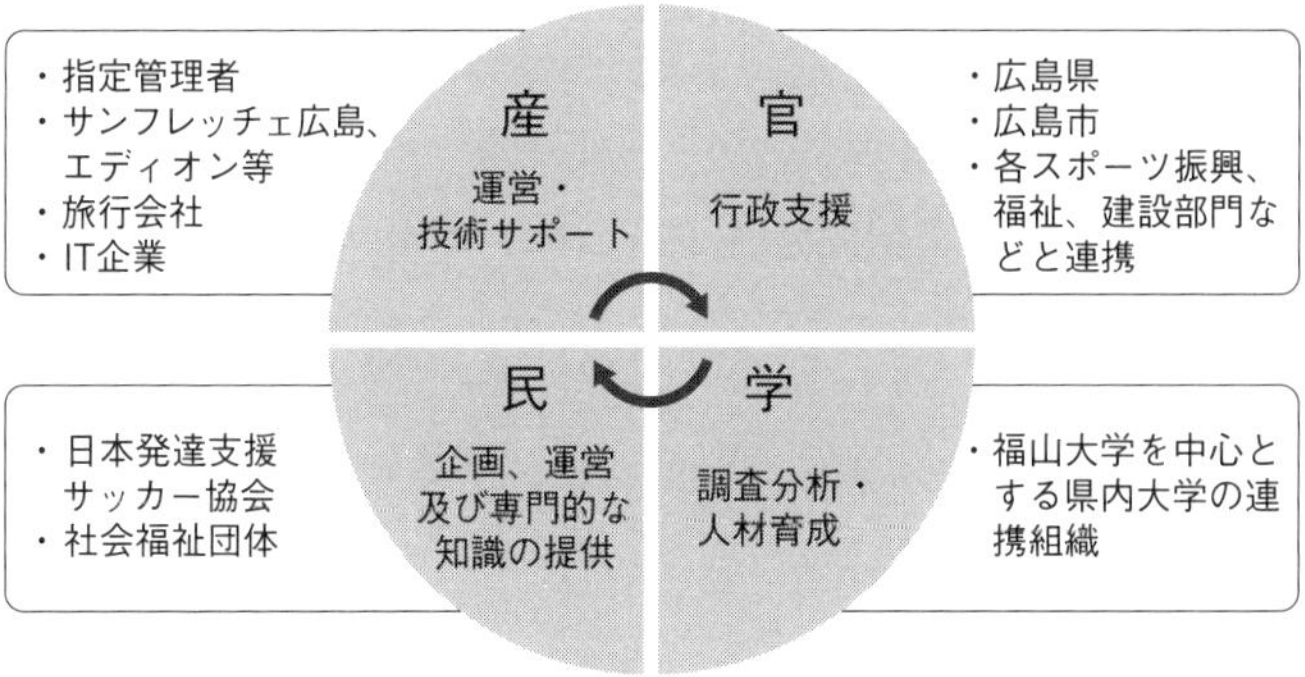

図５－１　プロジェクトの実施スキーム

出典：筆者作成。

中心にしてケアプランを見つけ出すことが推進されている。

本プロジェクトは医療・福祉・教育・スポーツにまたがる活動であり、**図５－１**のように国内の行政組織や一般企業によく見られる縦割りの関係ではなく、横からの連携をつくることが重要と考える。

チームを結成したメリットは、実際にスタジアム・アリーナを運営する指定管理者（プロ・トップスポーツクラブ等）や第３セクターでは試合興行で手一杯になってしまうところをこのチームでサポートできることである。また上記にも述べたが、指定管理者等はセンサリールームの活用に関しては専門外であり、この課題の解決はもちろんのこと、このプランを実施することでそのような特殊席の収益化、黒字化をしていくのが今回のねらいの１つである。

ゆえに本研究プロジェクトでは、設計段階から常設のセンサリールームを取り入れた日本初の事例として、２０２４年に完成する広島県広島市の新サッカースタジアムを取り上げた。現在、このスタジアムを調査しており、ステークホルダーと協議を進めていくことで実施段階まで引き上げ、将来的には全国へ波及させたいと考えている。

■具体的にプロジェクトをどのように展開するのか

本研究プロジェクトの具体案は3つある。

1つめは「社会的効果をあげる新たなパートナーシップ導入」である。前述したこれまでプロ・トップスポーツのスポンサーシップは自社の広告効果や親会社・地域とのつながり等、経済効果を重視したものが多かったが、SDGsを中心とした社会的効果を目指したパートナーシップ導入を考えた。

まず社会課題に対してスポンサーやイベントを短期的なもので終わらせるこれまでのものではなく、ネーミングライツ等を含めた中長期的なパートナーシップを構築することが重要である。理由は、このパートナーシップ効果は目に見える即効性のある広告効果とは違い、中長期的に地域や社会の課題解決に取り組むことでパートナー企業に効果が出ると推測するものだからである。

また、このパートナーシップのメリットは、企業としてのSDGsやCSR活動の推進、活動資金や活動自体が増加、地域やパートナーの認知の向上、地元企業の連携や繋がりの増加、ソーシャルキャピタルとしての地域の存在増加等が挙げられる。このようなメリットをPRし、パートナー企業を募り、プロジェクト原資とする。

2つめが「スポーツ×ユニバーサルツーリズム事業」で、発達障がいの子ども・家族の課題であるスポーツ実施・参加・観戦の困難さに対して行うメイン事業である。

具体的にその課題を見ると、発達障がいの子どもは聴覚過敏等の症状から外出困難になり、親も子もストレスがたまり、家庭内暴力等のトラブルに繋がっている。サッカーゲームでサッカーが好きになり、実際にサッカーが行われているスタジアムに行きたくても、不安があって行けない例が多くある。

そのような家族に対し、国内スポーツ界の現状としては多種多様な観戦への配慮に対する全体的な施設整備が遅れており、施設が整備されてもどのような運営をするのか、どのような配慮が必要なのかという運営の理解不足がある。

ゆえに前述のパートナーシップを活用し、アウェイツアー等を含め観戦プランを立案し、シーズンを通じてプランのパッケージ化を行うことにしている。また、参加者多数の場合はスタジアムやアリーナのＶＩＰルームをセンサリールーム化することも可能である。

これらのプランを発達障がいの特長に合わせ、本プロジェクトの連携団体「日本発達支援サッカー協会」のノウハウやメソッドを活かし、運動不足と脳の働きのアンバランスの改善、言語・非言語コミュニケーション能力の向上、集団ルールや社会性の理解を向上する内容をプランに組み込んだ特長あるツアーとする。

また、現地ツアーに参加できない家族や団体に対し、ＩＴ企業と連携してＤＸ化を目指して各地でパブリックビューイングやサッカー指導を行えるシステムを開発し、事業認知や参加者の拡大を目指すことも考えている。

そして、最後に「発達障がいサッカー団体の支援」である。この事業はスポーツ×ユニバーサルツーリズム事業の継続的かつ拡大する事業として実施する。

サッカーを「観る体験」と「実施する体験」は連動していることが望ましい。具体的には観戦後にサッカーをしたい子どもたちに対して、平日の教室を開く。観戦後にトレーニングできる（配慮のある）環境をつくることで、社会課題を解決することはもちろん、スポーツ人口の拡大にもなるからである。これまで観戦の困難とならんで、スポーツを実施する場所がなかったことも課題であった。サッカー団体の支援を通して場所を創造することは重要である。

また、日本発達支援サッカー協会が国内大会としてジーニアスカップ（日本初の発達障がい児のサッカー全国大会）を実施している。世界でも少しずつ発達障がい者向けの大会が開催され始めていることから、中長期的な目標としては各国で開催されている大会や団体と連携をとり、国際大会を開催する。そうすることによって国内外の認知が広がり、国際交流等の社会的価値の高まりと、さらにパートナーシップを行う企業や自治体にも社会的効果を高めることにつながり、地域全体に良い効果をもたらすことが考えられる。

そして前述したように、IT企業とはコーチ育成の部分でも連携し、コーチの資格取得を拡大させて、発達障がいの特性を理解した指導技術を持つコーチと選手育成を拡大させる。

具体的にウェアラブルカメラとWEBを活用した遠隔コーチ育成実習は既に実施されており、この技術を活かしてより一層育成にも力を入れ、活動を推進していくことも重要な事業だと考える。

■最大のポイントとは？

本研究プロジェクト最大のポイント（新規性）は、1つに日本で唯一、発達障がいの療育に専門的にサッカーを取り入れる団体を中心とした、産官学民からなる専門チームを発足することである。発達障がいと聞くと、これまた福祉分野の事業と捉えられるかもしれないが、専門チームの発足によって、スポーツとソーシャルのビジネス領域としても捉え、収支を考え、黒字化できる事業とする。そのためにスポーツや福祉等、単独団体で事業を行うのではなく、専門チームを発足することが本研究プロジェクトの最大のポイントである。

ゆえに黒字化するために、地域の特色や現状に合わせたサステナブルかつエクスパンション性を有するスキームを専門チームが考え、オーダーメイド型のビジネスモデルを構築し、全国展開を視野に入れていることも特長である。

また現在、Jリーグの川崎フロンターレが主催となり、旅行会社等と連携して発達障がい児とその家族向けに観戦招待事業「えがお共創プロジェクト」等が既に実施されている。しかし新型コロナウィルス等の影響もあり、シーズンを通じての中長期的なプロジェクトは実施されていない。上記でも述べたが、本研究プロジェクトではシーズンを通じてパートナーシップを常態化し、発達障がい支援の効果を高めることも重要と考えている。

そのためにパートナーシッププランを2種類用意し、Aタイプのゴールドパートナーが3社で合計1500万円程度、Bタイプのシルバーパートナーが5社で500万円程度とし、初年度の合計収入が2000万円程度と見込んでいる。これらを人件費や観戦運営費、サッカー教室の運営費用等の経費に充てることを見込んでいる。

このようなビジネスモデルが定着すれば、スポーツホスピタリティの可能性は広がるのはもちろんのこと、今後の新たなスポーツソーシャルビジネスの可能性も広がるのではないかと考える。

4 ゴールはスポーツホスピタリティを通じたウェルビーイングの向上

ここから本書のまとめをする。

第1章では広義と狭義のスポーツホスピタリティを定義し、これからの課題に付加価値の創出、スポーツホスピタリティ商品用スペース確保および法規制、地方都市の市場規模があることを考察した。この定義と課題を持ちながら、第2章ではラグビーワールドカップ2019を事例にスポーツホスピタリティ商品のメリットやデメリット、成果を上げるためにはどうするのかという方法論を示した。そして第3章では東京オリンピックからのレガシーを受け継ぐために、海外事例を参考に実務者からの提案を行った。それらを受けて第4章では、国内導入のキーポイントを3つの課題と照らし合わせながら、国内の先進事例を紹介し、スポーツホスピタリティ商品の目指すべき姿を考察した。そして、本章では広義のスポーツホスピタリティをもとに今後のスポーツホスピタリティに関して記す。

スポーツホスピタリティを通じて長期的に何を目指すべきなのかは、「みるスポーツを通じた住民やファンのウェルビーイング（持続的な幸せな状態）の向上」ではないかと考える。

渡辺（2021）では一般的に持続的ウェルビーイングの要因は、自律性や没頭の感覚等、個人内の要因（「I」）、特定の他者との関係性で生じる要因（「We」）、不特定の他者を含む社会的要因（「Society」）だと言われている。

これを「みる」スポーツに置き換えると、「I」には、好きな選手やチームを応援し、高揚感や勝負に勝つ達成感等を挙げる。「We」は、友人・知人や応援団、ファンコミュニティ等とグッズや飲食とともにスタジアムやアリーナで一緒に応援する楽しさ、そして思いやりや感謝、団結感等を感じ、様々なコミュニティの醸成が生まれることである。

そして「Society」では、スポーツコンテンツ（特にプロクラブやスタジアム・アリーナ）を核に、今回定義したスポーツホスピタリティを活用したビジネスの創出、団体・組織の活性化、そして社会貢献やSDGsについて取り組み、社会や地域の課題解決に繋がる。

このような循環がウェルビーイングを高め、持続可能な社会を創り出すのではないか。

前述したが、日本型のスポーツホスピタリティはその可能性にあふれている。日本には欧米にない県市町村ごとの衣食住、その他にも音楽やアニメとした文化、芸術、歴史があり、おもてなし文化もある。第3章ではスタジアムやアリーナを「地域のショーケース」だと表現した。そういった意味では、欧米に比べてスポーツビジネスが遅れている、国土が狭くてスタジアムやアリーナが整備しにくいといったデメリットに目を向けていては進まない。

もし0から1の創造が得意でなければ、1から2にする創意工夫を得意とする日本の強みを全面的に発揮し、本書にも出てきた欧米の取り入れられる良い部分を取り出し、前述した強みを活かした日本型のスポーツホスピタリティを創造するべきと考える。

そのための長期的なビジョンが「みるスポーツを通じた住民やファンのウェルビーイングの向上」ではないか。

本書で取り上げたプロ・トップリーグやスポンサーに関してのアンケート調査やインタビュー調査、スポーツホスピタリティにおける経済・社会的な効果の推計等は今後の研究課題も多く、それらも継続的に行っていく予定である。

ただ、新型コロナウィルスの蔓延する中、本書が新たなスポーツビジネス、観光、地域活性化等のヒントやきっかけになればと考え、出版を決意した。そのような方々に微力ながらお役に立てることができれば、筆者としては本望である。

おわりに

本書では、スポーツホスピタリティという国内では新しいスポーツビジネスの領域について述べてきた。私の専門はプロ・トップスポーツクラブの経営で、主に4大収入（入場料収入、放映権料収入、グッズ収入、スポンサー収入）を研究してきたが、スポーツホスピタリティというスタジアム・アリーナビジネス、スポーツツーリズム、ホスピタリティビジネスを掛け合わせた領域を学び、考察したことは非常に刺激的で、なおかつ見識も広めることができた。

今のスポーツ界にも、そのような刺激が重要ではないかと考える。ゴールデンスポーツイヤーとしてスポーツ界は必ず伸びると言われ、様々なところへ投資がなされ、全国各地でスタジアムやアリーナ構想が叫ばれていた。しかし新型コロナウィルスが蔓延し、予定通りにはいかなかった。スタジアムやアリーナからファンがいなくなり、経営に苦しむクラブが多くなった。

折しもTYO2020に関する諸件が発生し、スポーツ産業界に対する厳しい意見が生じているが、これを契機に法務上も財務上もスポーツ業界全体が他の先進業界と肩を並べるよう各分野での整備が進むことを期待したい。

ただ、前向きに捉えれば、これからどのようにすべきかを見つめ直す良い機会になっている。同時にイノベーションは大きな変化がなければ生まれない。その大きな機会を今もらっているのではないか。これを活かさなければ、スポーツ界は次のステージに上ることができない。

そのステップアップの1つの方法として、スポーツホスピタリティがある。ハードやソフト、そして日本の歴史・文化的な側面からも国内のプロ・トップスポーツリーグや観光・宿泊業界での実績は少ない。また、成功するかどうかが正直わからないのが現状である。しかしトライ&エラーを繰り返さなければイノベーションは生まれないし、成果も生まれない。その可能性が大きくあり、経済・社会的な大きなインパクトがあると考え、本書で様々な考察を行った。国内事例や調査が少ない部分もあるが、今回はご容赦いただきたい。

ただ、これからのスポーツビジネス界や観光・宿泊業界が一歩前進する一助となれば幸いである。また、このような刺激的かつ好奇心をかき立てられる研究ができたのも、共著者である倉田知己氏の御蔭である。倉田氏との出会いは2014年の日本スポーツマネジメント学会である。当時、倉田氏は旅行会社大手A社に所属し、先進的なスポーツツーリズムの実務者であった。私と年が離れているが、最初から紳士的かつフレンドリーに接していただき、スポーツツーリズムの視点から様々な意見交換をさせていただいた。

そんな倉田氏が今回、A社を退職されたのをきっかけに、これまでの集大成として本書の作成を共に遂行した。慣れない執筆作業であったと思うが、最後まで精力的に取り組んでいただいた。改めて、倉田氏のキャリアと探求心に敬意の念を表したい。また、福山大学時代から公私ともに親しくし、経済学の視点からスポーツホスピタリティや社会的効果の部分で共に研究を行った開智国際大学の藤本浩由氏にも感謝を申し上げたい。

末筆ながら、インタビューや研究協力に快く応じてくださったブレンダン・デラハンティ氏、安井豊明氏、里崎慎氏、山谷拓志氏、浦伸嘉氏をはじめとした広島ドラゴンフライズの皆さん、沖縄市企画部プロジェクト推進室、沖縄アリーナ株式会社片野竜三氏、中村篤郎氏、琉球ゴールデンキングス松原義治氏、日本発達支援サッカー協会杉岡英明氏、ＪＮＴＯ伊与田氏、ＳＴＨグループ本社の皆さん、精力的にスポーツホスピタリティ商品導入と実践で苦楽を共にした皆さんに厚くお礼を申し上げたい。

さらに、本書でアンケート調査等に協力してくれた藤本ゼミの学生、竹原圭祐君、高橋海太君、木戸崇博君、山崎優君、八幡潤君、向田愛子さんにも感謝を申し上げたい。

最後になったが、晃洋書房・徳重伸氏には編集や助言、また元編集部の吉永恵里加氏には本書の企画立ち上げで大変お世話になった。お二人には改めて御礼を申し上げる。

２０２３年３月

藤本倫史

引用・参考文献

はじめに・第１章

EY 総研，ジェイティービー，JTB 総合研究所「メガイベントにおけるスポーツホスピタリティのすすめ」JTB 総合研究所，2015.

藤本倫史・藤本浩由・倉田知己「地方都市のスタジアムにおけるスポーツホスピタリティの現状と課題」第29回日本スポーツ産業学会，2020.

マイケル・E・ポーター著，DIAMOND ハーバード・ビジネス・レビュー編集部編「経済的価値と社会的価値を同時実現する　共通価値の戦略」ダイヤモンド社，2014.

ロバート・パットナム『哲学する民主主義』NTT 出版，2001.

文部科学省「スポーツ基本計画」，2017.

Aihara, Masamichi. “A study of sports hospitality at the Rugby World Cup 2019 for a tourism experience product: A consideration from the viewpoint of eliminating overtourism in spectator sports.” Journal of Sports Science 8, 2020) : 33-40.

大山隆太・飯田義明「イングランドにおけるスタジアムビジネス― Tottenham Hotspur FC を事例にして」修大学社会体育研究所報51，2003：1-16.

飯田義明「イングランドにおけるプロ・サッカークラブのスタジアム変容に関する一考察」専修大学体育研究紀要29：7-16，2005.

Lawrence, Heather J.; CONTORNO, Ron T.; STEFFEK, Brandon. Selling premium seating in today’s sport marketplace. *Sport Marketing Quarterly*, 2013, 22. 1 : 9-19.

Schwimmer, “The High End Share Economy: An Analysis of the Resale Market For Luxury Suites at Sporting Events and Concerts”, 2017, https://www.suiteexperiencegroup.com/2017/08/high-sharing-economy-analysis-resale-market-luxury-suites-sporting-events-concerts/

Titlebaum, Peter; Lawrence, “Heather Jane. Luxury suite sales in professional sport: Obtaining and retaining clients”. *Journal of Contemporary Athletics*, 2009, 4. 3 : 169-182.

Titlebaum, Peter and Lawrence, Heather Jane, “Perceived Motivations for Corporate Suite Ownership in the ‘Big Four’ Leagues”. Sport Marketing Quarterly Volume 19, Number 2, June 2010：88-96.

Balliauw, Matteo, et al. “A strategic managerial approach to corporate sports hospitality: the case of Belgian football”. Journal of Business & Industrial Marketing, 2019.

日経ビジネス HP　鈴木友也の「米国スポーツビジネス最前線」 https://business.nikkei.com/atcl/opinion/15/134915/110100009/
日本野球機構 HP　統計データ　https://npb.jp/statistics/
J リーグ公式サイト　J リーグの収支　https://www.jleague.jp/aboutj/management/
B リーグ HP　経営情報　https://www.bleague.jp/about/management/
シナジーマーケティング株式会社 HP「マーケティング用語集」 https://www.synergy-marketing.co.jp/glossary/pareto/

第 2 章

今西珠美「日本の旅行業界の経営状況分析」流通経済大学論集第34巻第 2 号，2012.
麻生憲一・長橋透「主要旅行業者の旅行取扱額と市場集中度」立教大学観光学部紀要第22号，2020.
日本政府観光局 HP「年別訪日外客数出国日本人数の推移（1964年-2021年） https://www.jnto.go.jp/jpn/statistics/marketingdata_outbound.pdf
日経新聞 HP「京都，観光公害への対応が課題に」2019.12.30　https://www.nikkei.com/article/DGXMZO53940140X21C19A2LKA000/
デービッド・アトキンソン『新・観光立国論』東洋経済新報社，2015.
間野義之『奇跡の 3 年2019・2020・2021ゴールデン・スポーツイヤーズが地方を変える』徳間書店，2015.
一般社団法人日本スポーツツーリズム推進機構編『スポーツツーリズム・ハンドブック』学芸出版社，2015.
西尾建・倉田知己「スポーツホスピタリティ観戦者の研究――ラグビーワールドカップ2019日本大会から――」スポーツ産業学研究第32巻 2 号，2022：159-169.
鶴田友晴『国際スポーツイベント成功の舞台裏』ぴあ，2020.
東邦出版編『プロスポーツビジネス私たちの成功事例』東邦出版，2017.
REALSPORTS HP「ラグビー W 杯で初上陸「スポーツホスピタリティ」とは？今さら聞けない常識の観戦法」 https://real-sports.jp/page/articles/340039609905841174
朝日新聞 HP「1 人あたり200万円の高額コースも⁉ラグビーワールドカップで始まった“新しいスポーツ観戦”を体験した」 https://www.asahi.com/and/article/20191021/6261845/
読売新聞 HP「[つなげ W 杯] 特等席でおもてなし　飲食やトーク　200万円でも完売」2019　https://www.yomiuri.co.jp/rugbyworldcup/20190131TSUNAGE/
SportsBusiness on ASCII HP「ラグビー4000万円チケットが即完売　スポーツホスピタリティ事業の魅力とは」2019　https://ascii.jp/elem/000/001/843/1843739/
ヤーン・カールソン著，堤猶二訳『真実の瞬間』ダイヤモンド社，1990.
レオナルド・インギレアリー／ミカ・ソロモン著　小川敏子訳『リッツカールトン超一

流サービスの教科書』日経ビジネス文庫，2015.
高野登『リッツカールトンが大切にするサービスを越える瞬間』かんき出版，2005.

第３章

Diamond Online「ラグビーワールドカップ2019日本大会の運営に学ぶ国内メガイベントの今後」 https://www.diamond.jp/article1-1240277
Olympic Channel「東京2020組織委員会が東京オリンピック・パラリンピック大会全体を総括 https://www.olympics.com/ja/news/ 東京2020組織委員会が東京オリンピック・パラリンピック大会全体を総括
東京2020オリンピック・パラリンピック競技大会東京都ポータルサイト https://www.2020games.metro.tokyo.lg.jp/special/syushi.pdf
東京2020第27回理事会資料決議事項 https://www.2020games.metro.tokyo.lg.jp/special/27EBmeeting.pdf
間野義之『オリンピック・レガシー2020年東京をこう変える！』ポプラ社，2013.
原田宗彦『スポーツ都市戦略 2020年後を見すえたまちづくり』学芸出版社，2016.
日本政策投資銀行『スマート・ベニューハンドブック』ダイヤモンド社，2020.
原田宗彦／間野義之『スポーツファシリティマネジメント』大修館書店，2011.
スポーツ庁／経済産業省「スタジアム・アリーナ改革ガイドブック〈第２版〉」2018 https://www.meti.go.jp/policy/servicepolicy/guide201812.pdf
早稲田大学スポーツナレッジ研究会・(公財) 笹川スポーツ財団『スポーツと地方創生』創文企画，2019.
東京オリンピック公式ホスピタリティパッケージ概要2019
安田秀一『スポーツ立国論』東洋経済新報社，2020.
原田宗彦『スポーツ地域マネジメント』学芸出版社，2020.
久保田圭一『スポーツビジネス成功のシナリオ』日経 BP，2019.
松橋崇史・高岡敦史『スポーツまちづくりの教科書』青弓社，2019.
武藤泰明『スポーツのファイナンスとマネタイズ』創文企画，2022.

第４章

静岡ブルーレブズ公式 HP https://www.shizuoka-bluerevs.com/ticket/2dayspremium/
山谷拓志「プロスポーツにおけるスポーツホスピタリティーの展望―静岡ブルーレヴズの取り組み―」第10回スポーツツーリズム・コンベンション in 名古屋，2022.
藤本倫史・田中彰「地方都市におけるアリーナ建設とまちづくりの考察」日本都市学会第68回大会，2021.
沖縄市「沖縄市多目的アリーナ施設整備基本構想策定業務報告書」 https://www.city.okinawa.okinawa.jp/k009/shiseijouhou/shisaku/sports/arena/4688.html

沖縄市「沖縄アリーナ（基本構想）」 https://www.mext.go.jp/sports/content/20191224-spt_stiiki-1385575_00001-18.pdf
沖縄アリーナ公式サイト　https://okinawa-arena.jp/
藤本倫史『逆境をはねかえす広島型スポーツマネジメント学――地域とプロスポーツをともに元気にするマネジメント戦略――』晃洋書房，2020.
福山大学経済学部経済学科藤本倫史研究室「2021年度広島ドラゴンフライズブースタークラブ調査報告書」2022.

第５章

藤本浩由・藤本倫史「中核市における地域スポーツイベントへの企業スポンサーシップに関する調査―― SDGs との関連性とまちづくりへの利用可能性を中心に――」笹川スポーツ財団，2020.
笹谷秀光『経営に生かす SDGs 講座――持続可能な経営のために――』環境新聞社，2018.
スポーツ庁 HP「スポーツ SDGs」 https://www.mext.go.jp/sports/b_menu/sports/mcatetop08/list/1410259.html
内閣府 HP「社会的インパクト評価について（2015-2017年度）」 https://www5.cao.go.jp/kyumin_yokin/impact/impact_index.html
日本経済研究所「社会的インパクト評価の手法を用いたスタジアム・アリーナ効果検証モデル検討報告書」 https://www.mext.go.jp/sports/content/1415586_01.pdf
デロイト トーマツ ファイナンシャルアドバイザリー合同会社「今治．夢スポーツが生み出す社会的インパクトの可視化 SROI 分析（抄訳版レポート）」 https://www2.deloitte.com/jp/ja/pages/consumer-and-industrial-products/articles/sb/sroi-imabari.html
藤本倫史・倉田知己「地方都市におけるスタジアムのスポーツホスピタリティ普及・促進プロジェクト」スポーツ産業学研究第32巻第１号，2022.
藤本倫史，倉田知己，杉岡英明「発達障がいの子どもたちを支援するスポーツツーリズムプランとホスピタリティスペースの活用」スポーツ産業学研究第32巻第４号，2022.
日本学生支援機構「平成30年度（2018年度）障害のある学生の修学支援に関する実態調査」 https://www.jasso.go.jp/statistics/gakusei_shogai_syugaku/2018.html
加茂聡・東條吉邦「発達障害と不登校の関連と支援に関する現状と展望」茨城大学教育学部研究紀要59号，2010：137-160.
チャールズ・A・ラップ／リチャード・J・ゴスチャ『ストレングスモデル〈第３版〉』金剛出版，2014.
渡邊淳司「NTT 研究所発 触感コンテンツ専門誌 ふるえ　スポーツとウェルビーイング」日本電信電話株式会社，2021.

表1　主要プロスポーツリーグのスタジアム、高額チケット、ファンクラブの概要（2021年のデータを参考にして）

NPB

チーム名	本拠地名	収容人数	一般シート最高級	値段	シーズンシート最高級	値段	価格変動制	ファンクラブ名	クラブ会員	最高級名	値段	備考
読売ジャイアンツ	東京ドーム	43,500人	レジェンズシート	14,500円	チャンピオンシート	1,547,000円		クラブジャイアンツ	4種類	ゴールドメンバー	27,500円	有料会員5年以上継続、定員3,500人
阪神タイガース	阪神甲子園球場	47,466人	アイビー、ブリーズシート	5,300円	TOSHIBAプレミアムシート	830,000円		阪神タイガースファンクラブ	4種類	レギュラープラン	3,900円	10年以上継続でダイヤモンドに昇格、虎ポイント5倍
横浜DeNAベイスターズ	横浜スタジアム	34,046人	セブンイレブンエキサイティングシート	10,400円	ダイヤモンドシート	766,800円	フレックスプライス制	B☆SPIRIT友の会	5種類	スペシャル会員	8,300円	グッズや飲食の購入によりステージアップする
広島東洋カープ	MAZDA zoomzoom スタジアム	33,000人	ダイソーシート正面砂被り	8,300円	ロイヤルボックス	389,500円		カープファン倶楽部	3種類	シニア会員	3,200円	抽選3,000名限定
中日ドラゴンズ	ナゴヤドーム	36,370人	フィールドシート	10,800円	プラチナシート	785,500円	パノラマDP	公式ファンクラブ	3種類	ゴールドメンバー	10,400円	先着13,000人限定
東京ヤクルトスワローズ	明治神宮野球場	31,805人	SS指定席	5,900円	スターシート	330,000円	ダイナミックプライシング	スワローズCREW	5種類	プラチナ会員	13,300円	招待券ポイント3ポイント

チーム名	本拠地名	収容人数	一般シート最高級	値段	シーズンシート最高級	値段	価格変動制	ファンクラブ名	クラブ会員	最高級名	値段	備考
千葉ロッテマリーンズ	ZOZOマリンスタジアム	30,348人	内野指定席VS	5,400円	サントリーマスターズドリームシート	1,400,000円	ダイナミックプライシング	TEAM26	6種類	プレミアムゴールド	11,000円	シーズンシート購入者のみ入会可能
福岡ソフトバンクホークス	福岡PayPayドーム	38,561人	コカコーラシートA	17,000円	コカコーラシートSS	1,760,000円	ダイナミックプライシング	クラブホークス	4種類	プレミアム会員	104,885円	会員歴が10年以上、通常の得点に加えたくさんの特典あり
埼玉西武ライオンズ	ベルーナドーム	33,556人	プレミアムエキサイトシート	19,000円	プレミアムエキサイトシート	1,375,000円	ダイナミックプライシング	TEAMライオンズ	5種類	ハイグレード会員	8,000円	入会記念品でバッグやユニフォームがもらえる
オリックスバファローズ	京セラドーム大阪	36,154人	大商大シートS	12,000円	エクセレントシート	825,000円	ダイナミックプライシング	Bsクラブ	7種類	エクストラプレミアメンバー	150,000円	AコースとBコースがある、アプリ会員のみ入会可能
東北楽天ゴールデンイーグルス	楽天生命パーク宮城	30,508人	プレステージプラチナ	20,200円	プレステージプラチナ	1,300,000円	ダイナミックプライシング	TEAM EAGLES	4種類	プレミアムコース	100,500円	チケット引換券などが複数枚もらえる
北海道日本ハムファイターズ	札幌ドーム	42,274人	フィールドシート	11,300円	プラチナシート	350,900円	ダイナミックプライシング	ファンクラブ	2種類	ルーターズクラブ	3,600円	マイスターによって先行販売の日にちやポイントが変わる

Jリーグ

チーム名	本拠地	収容人数	一般シート最高級	値段	シーズンシート最高級	値段	価格変動制	ファンクラブ名	クラブ会員	最高級名	値段	備考
川崎フロンターレ	等々力陸上競技場	26,827人	SSS 指定席	7,400円	SSS 指定席	88,200円	ダイナミックプライシング	後援会	3種類	個人会員	3,000円	他にもファミリー会員、ジュニア会員がある
鹿島アントラーズ	茨城県立カシマサッカースタジアム	40,003人	エグゼクティブシート	8,400円	シーズンイーストゾーン	52,500円	ダイナミックプライシング	オフィシャルファンクラブ	3種類	SOCIOメンバー	1,100,000円	SOCIO はファンクラブで1番グレードが高く全4種類、最高級はロイヤルメンバー
柏レイソル	三協フロンテア柏スタジアム	15,349人	SS 席	5,700円	SS 指定席	84,000円	ダイナミックプライシング	アソシエイツ	3種類	アソシエイツプラス	10,000円	500名限定の特別会員
横浜F・マリノス	日産スタジアム	72,327人	デラックスシート	7,600円	プレミアムシートペア	91,500円	ダイナミックプライシング	トリコロールメンバーズ	3種類	レギュラー会員	3,000円	年間チケット会員、JリーグIDもある
北海道コンサドーレ札幌	札幌ドーム	42,065人	ゴールドシート	11,000円	ゴールドシートフル	不明	ダイナミックプライシング	クラブコンサドーレ	2種類	レギュラー会員	3,500円	5,500円で MORE FAN オプションを追加できる
浦和レッドダイヤモンズ	埼玉スタジアム2002	62,010人	プレミアムシート	9,200円	プレイアムシート	115,200円	ダイナミックプライシング	REX クラブ	3種類	ロイヤリティ	免除	シーズンシート購入で自動入金
FC 東京	味の素スタジアム	48,955人	メイン SSS 指定席	7,300円	メイン SSS 指定席	91,000円		クラブサポートメンバー	4種類	ビッグフレームス	10,000円	ホームページに名前が記載される
湘南ベルマーレ	レモンガススタジアム平塚	15,380人	特別席	6,200円	特別席	122,000円	ダイナミックプライシング	BELL12	3種類	パートナークラス	55,000円	収益は全てチームの強化費になる
清水エスパルス	IAI スタジアム日本平	19,695人	SS 指定席	7,000円	SS 指定席	112,000円	ダイナミックプライシング	エスパルス後援会	5種類	レギュラー会員	8,000円	紹介したらポイントが貯まる制度がある
名古屋グランパス	パロマ瑞穂スタジアム	20,223人	ロイヤルシート	6,900円	ロイヤルシート	120,600円	ダイナミックプライシング	グランパスファンクラブ	8種類	ダイヤモンドパック	150,000円	数量限定抽選申し込み制
セレッソ大阪	ヤンマースタジアム長居	47,816人	エキサイティングシート	10,000円	エキサイティングシートラウンジ付き	266,000円	ダイナミックプライシング	サクラSOCIO	6種類	ゴールド	40,000円	最速でのチケット先行販売
ガンバ大阪	パナソニックスタジアム吹田	39,694人	エキサイティングシート	15,300円	エキサイティングシート	214,200円	ダイナミックプライシング	オフィシャルファンクラブ	5種類	プレミアムメンバー	102,000円	限定300名上限に達し次第受付終了
ヴィッセル神戸	ノエビアスタジアム神戸	29,332人	ヴィッセルシート	10,000円	ヴィッセルシート	160,000円	ダイナミックプライシング	VISSEL SHIP	4種類	プレミアム	220,000円	1day VIP DX 参加券
サンフレッチェ広島	エディオンスタジアム広島	35,909人	メイン SSS 指定席ホーム	6,500円	メイン SSS 指定席	54,000円		サンフレチェクラブ	3種類	個人会員	10,000円	サポートスタイルに合ったプランが選べる
サガン鳥栖	駅前不動産スタジアム	24,130人	カテゴリー1メイン	6,000円	サガンプラチナシート	300,000円	ダイナミックプライシング	サガン鳥栖後援会	2種類	個人会員	10,000円	法人会員もある
京都サンガ F. C.	サンガスタジアム BY 京セラ	21,600人	エキサイティングシート	7,500円	エキサイティングシート	112,500円		サンガ CREW	3種類	ゴールド	10,000円	オリジナルネームを入れれる権利や、スカイボックス招待参加券
アビスパ福岡	ベスト電器スタジアム	21,562人	プレミアムシート	12,000円	プレミアムシート	200,000円	ダイナミックプライシング	ファンクラブ	3種類	アビーゴゴールド	13,700円	追加で限定特典がついてくる
ジュビロ磐田	ヤマハスタジアム	15,165人	ロイヤルシート	10,000円	プレミアムシート	315,000円		サポーターズクラブ	6種類	個人会員	4,000円	他にも法人会員やファミリー会員がある

Bリーグ

チーム名	本拠地名	収容人数	最高級席	値段	価格変動制	ファンクラブ名	クラブ会員	最高級名	クラブ最高級	クラブ会員備考
レバンガ北海道	北海道立総合体育館	6,000人	プラチナシートホームベンチ側	20,000円	ダイナミックプライシング		6種	プレミア	33,000円	プレミアム会員3年以上の人限定でプレミアプラス（40,000円）がある。
秋田ノーザンハピネッツ	秋田市立体育館	4,556人	ロイヤルシート	12,000円	ダイナミックプライシング		6種	プラチナ会員	110,000円	
宇都宮ブレックス	宇都宮市体育館	2,900人	コートサイドSS席ホーム側	24,000円	ダイナミックプライシング	CULB-REX	8種	最上級プラン	55,000円	無料のものを含む。先着のものあり。
千葉ジェッツ	船橋市総合体育館	4,368人	プレミアシート		ダイナミックプライシング	6THMANCLUB	6種		100,000円	無料のものを含む。先着のものあり。
アルバルク東京	アリーナ立川立飛	3,275人	コートサイドSS席ホーム側1列	10,500円		ALVARCARS	5種	プラチナ	44,000円	無料のものを含む。抽選受付。
サンロッカーズ渋谷	青山学院記念館	2,500人	コートサイド1列目	定価無	ダイナミックプライシング	CULBSUNS	2種	パープル	10,000円	
川崎ブレイブサンダース	川崎市とどろきアリーナ	6,500人	プレミアム	定価無	ダイナミックプライシング		6種	B-BLACK、T-BLACK	30,000円	B・T-BLACKいずれも200名先着限定。いずれも受付終了。
横浜ビー・コルセアーズ	横浜国際プール	5,000人	ベンチ横SS	12,000円	フレックスプライス制	BONES &ROSES	4種	BLACK	100,000円	BLACKは30名限定。既に受付終了。
新潟アルビレックスBB	シティプラザアオーレ長岡	5,000人	SSメイン	12,000円		ファンクラブ名・後援会	5種	後援会プラチナ	50,000円	会員はシークレットパーティーもある。
富山グラウジーズ	富山市総合体育館	4,650人	プレミアシート	21,000円	ダイナミックプライシング	ブースター	4種	BLACK	55,000円	BLACKは100名、プラチナ300名、ゴールド700名上限、レギュラー無制限。

チーム名	本拠地名	収容人数	最高級席	値段	価格変動制					
信州ブレイブウォリアーズ	長野市真島総合スポーツアリーナ	5,791人	ウォリアーズTシート	13,500円、全4種 ※本価格は2アルプス、1アルプスが12,500円で1000円ずつ増える。	フレックスプライス制	ウォリアーズタウン	5種	ダイヤモンド	100,000円	無料を含めた5種、ダイヤモンド会員は30名限定
三遠ネオフェニックス	豊橋市総合体育館	2,000人	プレミアムシート	13,500円	ダイナミックプライシング	TEAM83	5種	VIP会員	100,000円	
シーホース三河	ウィングアリーナ刈谷	2,376人	ロイヤルシートH	13,000円、クロークサービス付き			7種	ダイヤモンド	110,000円	初回募集定員、ダイヤモンド20名、プラチナ460名、以下無制限（ゴールドキッズ300名）
名古屋ダイヤモンドドルフィンズ	ドルフィンズアリーナ	7,514人	ダイヤモンド席	30,000円、 価格はトリプル、以下5,000円ずつ下へ	フレックスプライス制		5種	ダイヤモンド	50,000円	ダイヤモンド定員50名既に受付終了、以下は無制限。
滋賀レイクスターズ	滋賀県立体育館	4,896人	レイクスシート/スターズシート	13,500円	ダイナミックプライシング		3種	プレミア会員	16,500円	無料を含めた3種。
京都ハンナリーズ	京都市体育館	2,500人	VIP102	13,000円	価格変動制		3種	とことん会員	55,000円	無料を含めた3種。とことん会員は100名限定。
大阪エヴェッサ	おおきに舞洲アリーナ	7,056人	SUPERプレミアシート	30,000円						
島根スサノオマジック	松江市総合体育館	3,003人	アリーナ1列目	10,500円、 価格はAのもの。以下Cまで500円ずつ減額。	ダイナミックプライシング	.	6種	プレミア会員	110,000円	無料を含めた6種類。

チーム名	本拠地名	収容人数	最高級席	値段	価格変動制					
広島ドラゴンフライズ	広島サンプラザホール	6,052人	VIP シート	32,000円		CLUB. D		ダイヤモンド	50,000円	
琉球ゴールデンキングス	沖縄アリーナ	8,000人	ブロードウェイ、ハリウッドシート	24,000円		ゴーヤークラブ		ゴールド会員	12,500円	2種類、ゴールドとグリーンがありどちらも定員がある。ゴールドは受付終了。

出典：各プロスポーツリーグ、クラブ公式 HP から筆者作成。

表2　主要プロスポーツリーグの平均観客動員数（2018～2021年）

（単位：人）

	2018	2019	2020	2021	収容人数
読売ジャイアンツ	41,699	42,643	8,209	11,286	43,500
阪神タイガース	40,831	42,935	8,632	10,555	47,466
横浜 DeNA ベイスターズ	28,166	31,716	7,795	10,223	34,046
広島東洋カープ	31,001	31,319	8,964	13,560	33,000
中日ドラゴンズ	30,231	31,741	6,300	8,363	36,370
東京ヤクルトスワローズ	27,152	27,543	6,010	9,379	31,805
千葉ロッテマリーンズ	23,127	23,463	6,500	8,798	30,348
福岡ソフトバンクホークス	36,149	36,891	8,879	6,508	38,561
埼玉西武ライオンズ	24,833	25,299	5,002	8,737	33,556
オリックスバファローズ	22,575	24,423	5,559	5,994	36,154
東北楽天ゴールデンイーグルス	23,972	25,659	3,935	8,545	30,508
北海道日本ハムファイターズ	27,731	27,368	4,608	7,673	42,274

Jリーグ平均観客動員数（2018～2021）

	2018	2019	2020	2021	収容人数
川崎フロンターレ	23,218	23,272	7,862	7,315	26,827
鹿島アントラーズ	19,434	20,569	6,141	7,818	40,003
柏レイソル	11,402	9,471	3,246	4,445	15,349
横浜F・マリノス	21,788	27,010	7,969	8,991	72,327
北海道コンサドーレ札幌	18,223	18,768	4,303	6,817	42,065
浦和レッドダイヤモンズ	35,502	34,184	7,869	8,244	62,010
FC 東京	26,432	31,540	5,913	7,139	48,955
湘南ベルマーレ	12,120	12,848	4,467	4,850	15,380
清水エスパルス	14,991	15,043	5,235	7,455	19,695
名古屋グランパス	24,660	27,612	8,557	11,085	20,223
セレッソ大阪	18,811	21,518	7,014	5,070	47,816
ガンバ大阪	23,485	27,708	7,602	5,346	39,694
ヴィッセル神戸	21,630	21,491	6,042	7,120	29,332
サンフレッチェ広島	14,346	13,886	4,545	5,920	35,909
サガン鳥栖	15,000	15,050	4,675	7,279	24,130
京都サンガF. C.	5,663	7,850	3,163	5,202	21,600
アビスパ福岡	8,873	6,983	3,738	5,403	21,562
ジュビロ磐田	15,474	15,277	3,379	5,968	15,165

Bリーグ平均観客動員数（2017～2021）

チーム名	2017～2018	2018～2019	2019～2020	2020～2021
レバンガ北海道	3,743	3,637	3,834	1,788
秋田ノーザンハピネッツ	3,007	3,150	3,389	1,653
宇都宮ブレックス	3,653	4,004	4,237	1,863
千葉ジェッツ	5,196	5,204	5,117	2,115
アルバルク東京	2,507	2,901	2,761	1,128
サンロッカーズ渋谷	2,575	2,507	2,906	1,122
川崎ブレイブサンダース	3,056	3,701	4,715	2,312
横浜ビー・コルセアーズ	3,102	3,097	3,147	1,390
新潟アルビレックスBB	3,092	3,266	2,739	1,444
富山グラウジーズ	2,731	3,121	2,843	1,896
チーム名				
信州ブレイブウォリアーズ	1,388	1,626	2,136	1,650
三遠ネオフェニックス	2,088	2,417	2,967	1,159
シーホース三河	2,866	2,738	2,651	1,332
名古屋ダイヤモンドドルフィンズ	2,652	2,710	3,342	1,724
滋賀レイクスターズ	2,326	2,417	2,383	1,133
京都ハンナリーズ	2,092	1,890	1,869	992
大阪エヴェッサ	3,007	3,227	3,703	1,769
島根スサノオマジック	2,413	2,313	2,352	1,180
広島ドラゴンフライズ	1,946	2,280	3,549	1,537
琉球ゴールデンキングス	3,344	3,278	3,295	1,879

※宇都宮ブレックス2019～2020 栃木ブレックスから名称変更
※横浜ビーコルセアーズ2018～2019 B1昇格
※信州ブレイブウォリアーズ2020～2021 B1昇格
※島根スサノオマジック2019～2020 B1昇格
※広島ドラゴンフライズ2020～2021 B1昇格
※B1に昇格したチームは以前のB2の動員数を表記
出典：各プロスポーツリーグ、クラブ公式HPなどから筆者作成。

表3　各スタジアム・アリーナのスポーツホスピタリティ施設状況

チーム名	本拠地名	VIP ルーム	ラウンジ	会場内レストラン
読売ジャイアンツ	東京ドーム		○	○
阪神タイガース	阪神甲子園球場	○		
横浜 DeNA ベイスターズ	横浜スタジアム	○		
広島東洋カープ	MAZDAzoomzoom スタジアム	○		
中日ドラゴンズ	ナゴヤドーム	○		○
東京ヤクルトスワローズ	明治神宮野球場			

チーム名	本拠地名	VIP ルーム	ラウンジ	会場内レストラン
千葉ロッテマリーンズ	ZOZO マリンスタジアム	○		
福岡ソフトバンクホークス	福岡 PayPay ドーム	○	○	
埼玉西武ライオンズ	ベルーナドーム	○	○	○
オリックスバファローズ	京セラドーム大阪	○		○
東北楽天ゴールデンイーグルス	楽天生命パーク宮城	○	○	
北海道日本ハムファイターズ	札幌ドーム	○	○	

J リーグ

チーム名	本拠地	VIP ルーム	ラウンジ	会場内レストラン
川崎フロンターレ	等々力陸上競技場	○	○	
鹿島アントラーズ	茨城県立カシマサッカースタジアム	○	○	
柏レイソル	三協フロンテア柏スタジアム			
横浜 F・マリノス	日産スタジアム	○		
北海道コンサドーレ札幌	札幌ドーム	○	○	
浦和レッドダイヤモンズ	埼玉スタジアム2002	○		
FC 東京	味の素スタジアム	○		
湘南ベルマーレ	レモンガススタジアム平塚			
清水エスパルス	エコパスタジアム	○	○	
名古屋グランパス	豊田スタジアム	○	○	○
セレッソ大阪	ヤンマースタジアム長居			
ガンバ大阪	パナソニックスタジアム吹田	○	○	
ヴィッセル神戸	ノエビアスタジアム神戸	○		○
サンフレッチェ広島	エディオンスタジアム広島			
サガン鳥栖	駅前不動産スタジアム	○		
京都サンガ F. C.	サンガスタジアム BY 京セラ	○		△ （フードコート）

アビスパ福岡	ベスト電器スタジアム		○	
ジュビロ磐田	ヤマハスタジアム			

Bリーグ

チーム名	本拠地名	VIPルーム	ラウンジ	会場内レストラン
レバンガ北海道	北海道立総合体育館			
秋田ノーザンハピネッツ	秋田市立体育館			
宇都宮ブレックス	宇都宮市体育館			
千葉ジェッツ	船橋市総合体育館			
アルバルク東京	アリーナ立川立飛			
サンロッカーズ渋谷	青山学院記念館			
川崎ブレイブサンダース	川崎市とどろきアリーナ			
横浜ビー・コルセアーズ	横浜国際プール	○		
新潟アルビレックスBB	シティプラザアオーレ長岡			
富山グラウジーズ	富山市総合体育館			

チーム名	本拠地名	VIPルーム	ラウンジ	会場内レストラン
信州ブレイブウォリアーズ	長野市真島総合スポーツアリーナ			
三遠ネオフェニックス	豊橋市総合体育館			
シーホース三河	ウィングアリーナ刈谷			
名古屋ダイヤモンドドルフィンズ	ドルフィンズアリーナ			
滋賀レイクスターズ	滋賀県立体育館			
京都ハンナリーズ	京都市体育館			
大阪エヴェッサ	おおきに舞洲アリーナ			
島根スサノオマジック	松江市総合体育館			
広島ドラゴンフライズ	広島サンプラザホール			
琉球ゴールデンキングス	沖縄アリーナ	○	○	

出典：JTB総合研究所の資料提供から筆者作成。

《著者紹介》（執筆順）

藤本倫史（ふじもと　のりふみ）［第１・４・５章］
1984年　広島市生まれ
広島国際学院大学大学院現代社会学研究科博士前期課程修了
福山大学経済学部経済学科スポーツマネジメントコース 講師
専攻はスポーツマネジメント、スポーツ社会学
現在はプロスポーツクラブの経営やスポーツとまちづくりについて研究を行う。
また、広島県スポーツ政策アドバイザーとして広島県内各市町のスポーツ振興活動や調査の支援も行っている。
著書として『逆境をはねかえす広島型スポーツマネジメント学――地域とプロスポーツをともに元気にするマネジメント戦略』（晃洋書房、2020年）など。

藤本浩由（ふじもと　ひろよし）［第１・５章］
1976年　広島県生まれ
ブランダイス大学国際経営大学院博士課程修了
開智国際大学国際教養学部国際教養学科 講師
専門は国際経済学、開発経済学
アフリカの経済発展と紛争、企業によるSDGsの取り組みに関する研究をおこなう。

倉田知己（くらた　ともき）［第２・３章］
1960年　東京都生まれ
上智大学外国語学部フランス語学科卒業
株式会社ジャパン・スポーツ＆ツーリズム・プレミア 代表取締役
大手旅行会社で20年間スポーツビジネスを担当。オリンピックには夏季・冬季合わせて９回関わる。学生時代のラガー経験を活かしラグビーワールドカップ2019日本大会を成功裏に終了させるとともに日本初の本格的スポーツホスピタリティ商品事業専門会社STH JAPAN社設立に貢献。
著書として『プロスポーツビジネス――私たちの成功事例』（共著、東邦出版、2017年）など

ホスピタリティサービスをいかす
スポーツビジネス学
Sports Hospitality Handbook

2023年4月10日　初版第1刷発行　＊定価はカバーに表示してあります

著　者　藤本倫史
　　　　倉田知己©
　　　　藤本浩由
発行者　萩原淳平
印刷者　江戸孝典

発行所　株式会社　晃洋書房
〒615-0026　京都市右京区西院北矢掛町7番地
電話　075(312)0788番(代)
振替口座　01040-6-32280

装幀　吉野綾　　印刷・製本　共同印刷工業(株)
ISBN978-4-7710-3740-3